인스타툰

커뮤니케이션이해총서

급변하는 커뮤니케이션 환경에서 새로운 지식에 대한 욕구가 높아지고 있습니다. 이러한 흐름에 발맞추어 하나의 커뮤니케이션 주제를 10개 항목으로 묶어서 달걀 꾸러미처럼 엮었습니다. 사회의 변화를 빠르게 알기 원하는 대중과 시대에 앞선 지식을 단시간에 알고자 하는 연구자, 실무자, 학생에게 도움이 되는 책입니다.

일러두기

- 인명, 작품명, 저서명, 개념어 등은 한글과 함께 괄호 안에 해당 국가의 원어를 병기했습니다.
- 외래어 표기는 현행 어문규정의 외래어표기법을 따랐습니다.
- 8쪽, 16쪽, 26쪽에 등장하는 참고문헌의 아래 사이트는 해당 웹진의 폐쇄로 현재 접속이 안됨을 알려드립니다.
  https://www.ani.seoul.kr/spThemeClientViewNew.do?idx=258&currentPage=1&bbsType=spTheme&articleNo=258

커뮤니케이션이해총서

인스타툰

서찬휘

대한민국, 서울, 커뮤니케이션북스, 2025

인스타툰

지은이 서찬휘
펴낸이 박영률

초판 1쇄 펴낸날 2025년 2월 3일

커뮤니케이션북스(주)
출판 등록 2007년 8월 17일 제313-2007-000166호
02880 서울시 성북구 성북로 5-11
전화(02) 7474 001, 팩스(02) 736 5047
commbooks@commbooks.com
www.commbooks.com

CommunicationBooks Inc.
5-11, Seongbuk-ro
Seongbuk-gu, Seoul, 02880, KOREA
phone 82 2 7474 001, fax 82 2 736 5047

ISBN 979-11-7307-683-1

책값은 뒤표지에 표시되어 있습니다.

차례

인스타툰이라는 '만화 장르'

'인스타툰'이라는 표현을 가장 처음 발화한 사람이 누구인지는 명확하지 않다. 다만 대표적인 소셜 미디어인 페이스북(Facebook)을 운영하는 메타(META)사의 사진 · 동영상 공유 소셜 미디어 '인스타그램(Instagram)'의 이름에 만화를 뜻하는 영단어 카툰(cartoon)의 일부를 잘라 붙여 놓은 표현이라는 사실만은 명확하다. 그러니 인스타툰은 그 이름 자체로 '인스타그램에 실리는 만화'라 할 수 있다.

너무나 당연해 보이는 이 언설은, 그러나 막상 늘어놓고 보면 무언가 이질적인 느낌을 준다. 널리 장르명처럼 쓰이고 있는 표현에 특정 업체의 서비스명이 들어가 있기 때문이고, 또한 만화가 실리는 공간을 한 서비스로 한정하는 인상도 있기 때문이다. 이런 연유로 사회 관계망 서비스를 뜻하는 표현인 SNS(Social Network Service)를 붙여 'SNS툰 · SNS만화'로 부르는 경우도 있다. 하지만 애초에 SNS란 낱말 자체가 정작 영어권에서는 통용되지 않는 일종의 일본발 영조어(이른바 和製英語, 와세이 에이고 =made-in-Japan English)를 한국에서 받아들인 표현이라는 점, 그리고 소셜 미디어 전반을 아우르게 되면서 어디까지를 SNS툰 · SNS만화로 일컬을 수 있을 것인가를 정의하기가 곤란해지는 점 등의 문제가 발생한다.

인스타툰이라는 장르명의 정착

일례로 일본에서는 흔히 트위터(현 'X')와 페이스북, 인스타그램과 더불어 메시지 앱인 라인과 숏폼 동영상 서비스인 틱톡까지를 '대표적인 SNS'라고 부르는데, 라인과 틱톡을 빼면 3대 SNS, 넣으면 5대 SNS, 여기에 전 세계적인 동영상 공유 서비스라 할 유튜브까지를 합쳐 6대 SNS로 언급하기도 한다. 한국에서는 라인 대신 블로그나 네이버의 밴드가 들어가는 식으로 약간의 차이가 있다. 어느 쪽이 됐든 SNS는 필요에 따라 좁게도 넓게도 규정되는데, 회원들끼리 구독(팔로우)과 구독 취소(언팔로우)라는 수단 속에서 사회적 관계를 구축할 수 있는 서비스라면 다 SNS로 취급하는 셈이다. 주목할 건 이렇게 SNS란 용어로 널따랗게 묶이는 서비스들 가운데 만화의 성립 조건이라 할 이미지 그 자체가 소통의 필요조건이 되는 곳은 인스타그램이 유일하다는 점이다.

트위터와 페이스북은 이미지를 첨부할 수 있지만 짧든 길든 글이 중심이 되는 공간이고, 라인은 메신저이며 유튜브와 틱톡은 동영상 사이트인데 틱톡은 그 가운데에서도 숏폼 동영상을 필요조건으로 삼는다. 블로그는 구독 관계와 상관없이 자기 개인을 웹 공간에 노출하는 것이 목적인 도구로서 일찍이 웹에서 소셜이란 말이 유행하기 한참 전인 2000년대를 전후한 시기부터 눈길을 끌었다. 이름부터가 애초에 웹에 남기는 기록장인 웹 로그(weB+LOG)고, 다만 그 기능적 특징으로 1인 미디어 또는 1인 언론의 가능성에 주목하는 경향이 있었다. 이들 서비스에서 이미지는 어디까지나 충분조건이었고, 또한 지극히 부차였다.

반면 인스타그램은 시작부터 애초에 사진을 비롯해 이미지를 보거나 공유하기 위해 사용하는 스마트폰 앱이다. 이미지 없이는 경험 자체가 시작되지 않는 이미지 중심 서비스인 셈이다. 개인 단위로조차 하루가 멀다 하고 쏟아지는 압도적 분량의 텍스트 속에서 일부 이미지가 첨부된 게시물을 만나게 되는 것과, 반대로 접속을 하면 구독한 대상이 올린 이미지만 만날 수 있는 것은 완전히 다른 경험을 제공할 수밖에 없다.

물론 앞서 SNS란 명칭으로 불러 온 여타의 소셜 미디어와 블로그 서비스에 만화를 올리며 반향을 일으킨 사례가 없었던 것은 아니다. 특히 한국에서는 트위터에 올리는 만화라는 의미로 '트윗툰'이라는 장르의 개창을 시도한 강

도하의 〈TT스토리〉가 있었고, 일본의 경우는 트위터에 연재했다 책으로 출간된 카라타치 하지메(からたち はじめ)의 『저는 왼손잡이도 AB형도 아니지만』(원제 〈나는 성별 모라토리엄(ぼくは性別モラトリアム)〉) 같은 사례도 참고할 만하다. 블로그까지 포함하면 이노우에 준이치(井上純一)의 『중국 신부 이야기』(원제 〈중국 아내 일기(中国嫁日記)〉) 같은 사례도 있다.

그러나 이런저런 사례가 있음에도 트위터를 비롯한 공간에 올라온 만화들이 명확한 장르명을 획득하여 분류되지는 못했다. 이들 만화가 각각 기존의 웹툰, 출판 만화와 다른 부분이 딱히 없었기 때문이다. 그에 비해 인스타그램과 만화는 마치 원래부터 만화를 올리기에 어울리는 매체였다는 듯 달라붙었고, 또한 인스타그램의 형태적 특징에 고스란히 맞춰 제작되었다. 그래서 인스타그램에 올라오는 만화들은 이윽고 어느 사이엔가 인스타툰이라고 불리게 된다. SNS툰 · SNS만화라는 말이 SNS로 일컬어지는 공간에 실린 만화에 대한 일종의 개념 정리용 용어에 가깝다면 인스타툰은 그 자체로 장르명이자 형식명으로서 정착하게 된 셈이다.

제한과 한계를 활용하여 새 장을 열다

인스타툰은 제한된 분량과 너비 안에 담긴 그래픽 · 텍스트 정보를 가로로 읽어 내야 하는 기본 형태를 띤다. 과거의 만화 중에서 이와 유사한 형태를 띠는 만화는 찰스 슐츠(Charles M. Schulz)의 〈피너츠(Peanuts)〉나 빌 워터슨(Bill Watterson)의 〈캘빈과 홉스(Calvin and Hobbes)〉, 짐 데이비스(Jim Davis)의 〈가필드(Garfield)〉와 같은 미국의 전형적 신문 연재만화를 들 만하다. 서너 칸에서 열 칸 안팎에 이르는 길지 않은 분량으로 구성된 미국 신문 연재만화는 이 지극히 제한된 공간 안에 지극히 단순하면서도 유려하고 세련된 캐릭터 도상을 이용해 폭넓은 독자층을 대상으로 삼는 유머와 사회 풍자적 요소를 전달하는 특징을 보여 주며, 기본적으로 평일판에는 가로 배치한 네 칸, 일요판에는 가로 배치한 칸들을 세 줄가량 쌓아 올리는 형태로 연재되었다. 칸 또한 평일판은 거의 대부분 1:1 고정 비율이어서 그야말로 인스타툰과 비슷한 형태였다.

그러나 이 형태와 크기는 신문이라는 연재 매체가 편집의 편의상 강제한 것이어서 작가들이 기꺼워했던 것은 아니다. 슐츠는 동일 규격으로 제한된 칸을 오래도록 원망했으며, 워터슨은 1995년 〈캘빈과 홉스〉를 마치며 "매일 마감 기한과 작은 칸의 제약 내에서 제가 할 수 있는 일을

했다고 믿습니다"라고 언급하면서 작은 칸이라는 매체의 강제적 제약을 '예술의 자유를 타협해야 하는 제한'으로 여기고 있음을 드러냈다.

물론 인스타그램이 만화가를 기용해 상업 연재를 진행하는 만화 전문 플랫폼이 아닌 이상 인스타툰이 겪는 제약은 신문 연재만화와 달리 명목상으로는 강제성을 띤다고 할 수 없다. 스마트폰 기반 즉석 사진 공유라는 본연의 목적에 비추어 보자면, 이미지의 크기를 비롯한 제한 조건은 인스타그램 자체의 문제라기보다는 콘텐츠의 주 노출 창구가 손바닥 안으로 규정된 환경 변화에 기인한 면이 크다. 하지만 그럼에도 인스타그램이라는 이미지 중심 소셜 미디어 안에서 자연스레 똬리를 틀어 이윽고 만화의 또 다른 장르로 자리를 잡게 된 인스타툰의 작가들에게, 인스타그램의 제한 조건은 그 자체로 넘을 수 없는 근본적 한계이자 스스로 선택한 굴레다.

모든 만화는 지면의 제한 아래에 놓인다. 무한 캔버스의 가장 현실적 적용 사례인 웹툰조차 실제로는 가로 너비의 제약에서 자유롭지 않지만, 인스타툰을 만든다고 할 때 가장 먼저 떠오르는 말이 '좁다'인 까닭은 원칙적으로 가로와 세로 양쪽이 다 막혀 있는 데다 면의 비율마저 고정이기 때문이다. 이 때문에 인스타툰을 만든다는 건 끝없는 단순화와의 싸움일 수밖에 없다. 이 한정된 지면에 정보 객체를 다양한 형태로 배치한다거나 심지어 면을 분할한다는 건 사치에 가까운 행위로 읽히기까지 한다. 단순한 그림과 단순한 배치로 이루어진 만화는 일찍이 웹툰 정립기 일상툰으로 불렸던 만화들이 다 보여 준 것이다. 그럼에도 '인스타툰'이 '일상툰'의 아류가 아닌 독립된 장르명을 세울 수 있게 된 건, '다른 만화와는 달리 인스타그램이라는 스마트폰용 앱을 썼다는 것' 때문이 아니라 미국 신문 연재만화의 선구자들이 그러했듯 명확한 한계를 오히려 개성적으로 활용하는 사례를 쌓았고 또한 계속해서 새로운 방법론을 세워 나가고 있기 때문이다.

이 책은 이러한 과정을 거쳐 한국의 새 만화 장르로 정립된 '인스타툰'의 개론이자 현재의 조명이며, 한편으로 그 안에 담긴 갖가지 전략에 대한 탐색이다.

인스타툰의 시작에서 내면까지

이 책의 열 꼭지는 한국에서 인스타툰이 성립된 과정에서부터 현재까지를 훑으면서 그 안의 구성 요소와 의미를 짚어 나가는 데 초점을 맞춘다. 모르는 입장에서는 또 다른 무료 일상툰 정도로 생각하기 쉽지만, 그저 그렇게만 보기엔 몇 년 사이에 체급이 완전히 달라진 인스타툰에 대해

돋보기를 들이대는 과정으로 구성했다.

먼저 1장 '인스타툰의 등장과 그 시대적 의미'는 문자 그대로 인스타툰의 등장에 대한 이야기를 담고 있다. 인스타그램에 만화를 올리는 일은 어찌 보면 사진 공유 앱에 사진이 아닌 만화 이미지를 첨부해 보았다는 점에서 그리 특별하지 않다. 그럼에도 이미 '웹툰'이라는 만화 형식을 정착시킨 지 오래고 신기술이 나올 때마다 등장했던 새로운 명칭들이 무엇 하나 정착하지 못하고 사라진 우리나라에서, 인스타그램에 올리는 만화라는 '인스타툰'만큼은 대중들 사이에 성공적으로 정착했다. 그 과정에 있었던 일화를 역사적 맥락과 의미 면에서 따져 보는 것은 인스타툰을 이해하는 데 무엇보다도 필요한 일이다.

이어서 2장부터 5장까지는 인스타툰의 본질과 내면을 해부해 본다. 2장 '웹툰의 원초적 본능, 인스타툰'은 인스타툰이 웹툰의 오랜 독자들에게 느끼게 하는 강한 기시감의 정체를 좇아 들어가 본다. 상업화를 넘어 명확하게 산업화한 현재 한국의 웹툰 시장은 한국 콘텐츠 · 엔터테인먼트 산업의 규모를 살찌우는 역할을 하고 있지만 한편으로는 더 이상 만화 창작자 개인 단위가 부각되기도 어렵고, 또한 오롯이 자기가 하고픈 작품이나 자기 이야기가 담긴 작품을 내어놓기 어려운 공간이 되어 가고 있다. 2장은 이러한 시장 흐름이 1990년대 웹툰의 초기 형태가 정립되던 시기 자기 공간을 통해 직접 자기 독자를 만들고자 했던 만화 창작자들의 원초적 본능을 다시금 엿보게 만드는 부분이 있음을 언급한다.

3장 '인스타툰의 형식미와 장르적 특징'은 인스타툰의 특징을 얘기할 때 가장 먼저 나올 법한 1:1 비율과 열 칸이라는 분량 그리고 가로 스크롤이 도대체 어떤 연유로 '특징'이 될 수 있는가에 대한 이야기다. 인스타툰이 지닌 비율이나 조작법은 실제로는 한계와 제약, 익숙하지 않음 그 자체라 할 부분들이며, 심지어 형태만으로는 새로울 것도 없어 보이는 부분이 있다. 3장은 그런 인스타툰이 대체 어째서 인스타그램이라는 사진 공유 앱과 만나 새로운 장르가 되는 아이러니를 맞이할 수 있었을까를 이야기한다. 첨언하자면-인스타그램 측의 본의는 아니겠지만-장르란 '신파(新派)'나 '순정 만화'가 그러하듯 가끔 의도치 않은 아이러니를 가득 끌어안은 채 굳어지곤 하는 법이고 인스타툰 또한 '장르의 아이러니'를 언급할 때 들 만한 사례로 기록될 만하다.

4장 '인스타툰의 형태적 특질과 이야기 전달 전략'은 앞서 웹툰의 원초적 본능을 좇았다 설명되었던 인스타툰이 막상 웹툰과는 무엇이 본질적으로 다르고 그 특질이 이야기 전달에 어떤 영향을 끼치는가를 파헤친다. 특히 스크롤링 빌보드(scrolling billboards)와 병풍(屛風)의 특징을 지니는 웹툰과 인스타툰의 차이를 분석한 후, 인스타툰 상당수가 채용하는 단순한 그래픽적 형태와 스토리의 원인을 따져 물은 후 이 한계 많은 특질에서 창작자들이 어떤 이야기 전달 전략을 취하는가를 각종 작가의 사례를 통해 살핀다.

4장에서 매체적 한계에 따라 형태가 단순하게 결정되는 지점을 짚었다면, 5장 '인스타툰의 정보 분배 전략'에서는 이 단순함이 인스타툰을 이루는 그래픽, 칸, 글씨라는 구성 요소에 어떠한 영향을 끼치는지를 분석한다. 나아가 인스타툰을 단순하고 예쁜 그림으로 이뤄진 일상툰으로만 여긴다면 보지 못할 작가들의 정보 분배 전략을 통해 이 좁고 작은 화면 안에서 어떻게 전달력과 입체감이 배가 되는지를 알 수 있다.

인스타툰과 외부적 요소들

6장부터 10장까지는 인스타툰을 둘러싼 외부적 요인과 외부로 내보이기 위한 방법론 등에 대한 이야기다. 먼저 6장 '릴스의 대두와 인스타툰의 형태적 변주'는 인스타그램은 물론 인터넷 콘텐츠 판도를 근 몇 년 사이 뒤바꾼 숏폼

시대가 인스타툰을 어떻게 뒤흔들었는지를 다룬다. 당장 인스타툰 작가들은 2022년 이후 같은 만화를 올려도 도달률 자체가 반토막이 났다고 울상을 짓고 있었다. 6장에서는 이 상황이 단지 기분 탓인지 아닌지를 파악하기 위해 다양한 소셜 미디어 마케팅 업체의 통계와 더불어 인스타그램 CEO와 협업 마케터들의 발언을 인용한다. 6장은 이를 통해 인스타그램이 릴스(Reels)를 도입하여 알고리즘의 중심에 놓기 시작하면서 완연히 정착되었다고 여겼던 인스타툰의 공식이 완전히 뒤집혔음을 확인하고, 변화한 상황을 '어떻게', '왜' 적극적으로 이용해야 하는지를 언급한다.

7장 '인스타그램 콘텐츠 노출 전략과 인스타툰'은 6장에서 조명한 대(大)릴스 시대의 한가운데에서 무조건 영상으로 갈 것이 아니라면 인스타툰 자체로는 어떻게 해야 노출도를 높일 수 있는가를 인스타그램의 노출 알고리즘에 대한 분석을 통해 살펴본다. 특히 해시태그를 비롯해 인스타툰에 흔히 적용되던 노출 전략이 더 이상 잘 먹히지 않게 된 최신 상황을 소개하며 인스타그램이 알고리즘 개정을 통해 노리는 바가 무엇인지를 현업 소셜 마케터들의 발언을 통해 들어 본다. 7장이 중요한 것은 인스타툰 맞춤형 전략을 제시하고 있다는 점으로, 다양한 작품을 분석하여 공통적으로 드러난 노출 전략을 실었다.

8장은 '마케팅 도구로서의 인스타툰'으로, 인스타툰이 가장 활발하게 쓰이고 있는 분야라 할 광고 만화화에 대한 이야기를 담고 있다. 광고 인스타툰에 앞서 광고로 웹툰을 활용한 사례라 할 포털 브랜드 웹툰의 실례를 살핀 후, 어째서 광고 도구로 인스타툰이 업체의 주목을 받고 있는가를 설명하고 인스타툰이 광고로 쓰인 사례를 소개한다. 그러나 그와 더불어 놓쳐서는 안 되는 것은 외부 광고를 받는 도구로서만이 아니라 개인을 넘어 자신을 스타화함으로써 결과적으로-처음엔 반드시 의도한 것은 아닐지라도-소속 회사나 사업에 이득을 주는 사례가 나오고 있다는 점이다. 인스타툰의 쓰임새와 역할이 다양해지고 있다고 봐야 할 이 흐름에 주목해야 하는 까닭은 광고는 짧고 사업은 길기 때문이다. 광고를 받을 수 있을 만큼 계정을 키우는 것도 중요하지만, 한때 웹툰이 본격적으로 유료화되지 않았던 시기 드라마화나 영화화가 상업적 성공의 지표처럼 여겨지던 때가 있었던 것처럼 단발적 광고를 받을 수 있고 없고가 성공의 기준이 되어서는 안 된다.

9장은 '인스타툰의 수익화'다. 8장에서 광고를 받는 사례와 스스로를 광고하게 된 사례를 소개했다면, 9장은 실제로 광고를 받기 위한 조건은 무엇인지와 대략의 광고 단가, 그리고 그 외의 수익 창출 방법에는 무엇이 있는지를 살핀다. 이에 더해 2023년 11월 인스타그램의 운영사인 메타(META)가 선보인 콘텐츠 수익 창출 모델인 보너스가 인스타툰의 미래를 어떻게 견인할까에 대해서도 언급한다.

유튜브가 개인 영상 제작자들에게 광고 수익을 나누는 방식으로 콘텐츠 시장을 견인하고 있는 상황에서 인스타그램 또한 릴스는 물론 이미지 공유 활동을 통해서도 수익을 낼 수 있게끔 방향을 잡고 참여율 실적이 있는 창작자들을 대상으로 시험 구동을 시작했다. 광고 외에 수익을 낼 방법이 없던 인스타툰 생태계의 속성이 근본부터 달라질 수 있는 상황이 시작되었음을 9장에서 소개한다.

마지막 10장은 '세계의 인스타툰'이다. 지금까지의 모든 내외적 상황에 대한 정리를 뒤로하고 바깥을 보는 장으로, 세계 속에서 인스타그램을 만화 공개 도구로 쓰는 사례에 대한 고찰을 담았다. 인스타툰이라는 말을 장르로 정착시켜 쓰고 있는 건 한국의 독특한 상황이지만, 인스타그램에 만화를 올리는 것이 우리나라만은 아니다. 다만 외국이 우리나라와는 상황이 많이 다름을 확인하게 될 따름이다. 빨리빨리의 민족이라는 우스갯말이 있듯 우리는 웹툰을 등장시킬 때도 인스타툰을 등장시킬 때도 출판 만화와는 본질적으로 다른 매체를 탄생시키는 데 저어함이 없었지만 다른 모든 나라가 우리 같을 수는 없었다. 그래서 인스타그램에 올라오는 만화도 우리나라와 외국의 양상이 상당히 다르다. 그럼에도, 이름은 달라도 없는 것은 아님을 알 필요가 있고 또한 한국의 인스타툰 작가들이 상황을 이용할 부분은 없을지를 논할 필요도 있다. 인스타툰을 통해 한국 만화가 확장되었다면, 또 다른 확장의 기회는 다른 나라에 있을지도 모르기 때문이다.

더 큰 가능성을 위해

소셜 미디어라는 공간은 지금 이 순간에도 다양한 형태로 들끓고 있지만, 그 주인 없는 널따란 광장과 담벼락을 창작을 위한 공간으로 삼은 이들이 등장해 급기야 하나의 장르를 세우고 발전시켜 낸 건 만화사는 물론 소셜 미디어 역사에도 남을 만한 명장면이다.

숱한 공간에서 만화 활동이 벌어졌음에도 모든 명칭이 '웹툰'으로 수렴되었던 시기를 지나, 마냥 비슷해 보이는데 '웹툰'으로는 수렴되지 않는 또 다른 이름이 등장했다. 이 이름은 이제 대중 속에서 일종의 시민권을 획득했다. 하지만 이 이름의 가치가 단지 새로운 이름이 유행어처럼 쓰인다는 것을 넘어 만화의 한 형식으로서 더욱 큰 가능성을 만들어 내기 위해서는 무엇이 왜 이 이름을 세우는 요인이 되었는지를 면밀하게 파헤치고 해석하고 의미를 부여해야 한다. 그리고 이 이름을 쓰는 행위의 정체를 알고 더 명확하게 활용하기 위한 방법론을 세워 보는 일이 진행되어야 한다.

이 책은 열 개 장을 통해 인스타툰이 웹툰의 마이너리그 또는 다운그레이드된 웹툰이 아닌 또 다른 만화 활동의 장이자 또 다른 만화 시장으로서 확장되어 갈 수 있는 여지가 있음을 분석하고 드러내고자 했으며, 한편으로 왜 대중에게 사랑받는 만화 장르로서 굳건히 선택받을 수 있었는지를 연원에서부터 찾아 올라가며 조명했다. 또한 이 책을 구상하고 집필하던 2022년에서 2024년 사이 인스타툰에 몰아닥친 근본적인 변화, 즉 인스타그램의 정책 개편 등에 따른 기능상의 변화와 노출도에 대한 작가들의 적응 과정 그리고 그 결과 놓쳐서는 안 될 지점들을 가능한 한 최신의 관점으로 담아내고자 했다. 시작점에 대한 부분은 역사고 가능성에 대한 부분은 미래다. 이 책이 다가올 미래에 인스타툰에 접근하고자 하는 이들과 인스타툰을 조명하고자 하는 이들 모두에게 비교적 넉넉한 시간 동안 의미 있는 분석틀로 회자되어 주면 좋겠다.

참고문헌

LIFT(2024.3.6).「5大SNS」とは? 役割やユーザー数, 特徴ごとの使い分け方を解説. https://lift-mktg.com/sns/789

Arnold, T., Tilton, L., & Wigard, J.(2023.9.21). Understanding Peanuts and Schulzian symmetry: Panel detection, caption detection, and gag panels in 17,897 comic strips through distant viewing.. *Journal of Cultural Analytics*, Vol.8 Issue.3. https://culturalanalytics.org/article/87560-understanding-peanuts-and-schulzian-symmetry-panel-detection-caption-detection-and-gag-panels-in-17-897-comic-strips-through-distant-viewing

The Calvin and Hobbes WiKi(2012.3.8). Bill Watterson. https://calvinandhobbes.fandom.com/wiki/Bill_Watterson

01

인스타툰의 등장과 그 시대적 의미

'인스타툰'은 만화와 어떤 이해관계도 없는 사진 공유용 소셜 미디어인 인스타그램에 누가 먼저랄 것도 없이 만화를 그려 올렸던 사람들 사이에서 자연스레 발생, 정착한 장르명이자 형식명이다. 이 표현은 웹툰의 정착 이래 기술을 앞세워 새로운 만화 형식임을 주장하며 업계 내 헤게모니를 쥐려 들던 앱툰, 이펙툰 같은 표현들과 달리 전혀 억지스럽지 않았다.

인스타그램에 만화를 올린다는 것

인스타그램에 만화를 올렸다는 사실 자체는 엄밀히 말해 '특별'하지 않다. 트위터(현 'X')나 페이스북 같은 소셜 미디어는 물론 그에 앞서 블로그나 카페, 그보다 더 앞서서는 홈페이지나 게시판 커뮤니티 단위에서도 만화를 올리는 이들은 늘 있어 왔다. 새로운 무대가 등장할 때마다 만화는 늘 그곳에 있었고, 그 개척자들은 무대의 특성을 십분 활용하며 각자의 이름을 만화의 역사에 새겼다. 1990년대 후반과 2000년대 초반의 시기적 · 시장적 · 기술적 혼동 속에서 웹툰이라는 독립된 형식명을 얻은 한국 만화의 한 시기는 분명 역사적인 일이지만, 웹이라는 공간이 누구에게나 열려 있는 시점에서 자기 그림을 올리는 행위 자체 또한 국적과 출신을 막론하고 열려 있는 일이었다. 그러니 인스타그램에 만화를, 또는 만화스러운 이미지를 올리는 이들이 등장하여 반향을 일으킨 것 또한 정확히 어느 나라의 누가 최초라는 말을 하기도 어려울 만큼 지극히 자연스러운 일이었다.

서구권에서 인스타그램에 만화를 연재한 대표적인 사례로는 세라 앤더슨(Sarah Andersen)을 꼽을 수 있다. 앤더슨이 2013년부터 텀블러(Tumblr)에 이어 인스타그램 계정 @sarahandersencomics에도 올리기 시작한 '세라의

낙서(Sarah's scribbles)'는 소셜 미디어를 활용하는 사람이라면 작가는 몰라도 그림은 한번쯤 봤음 직한 유명하고 인기 있는 작품이다. 에세이 만화가 많이 나오는 일본에서도 인스타그램에 #コミックエッセイ(코믹에세이)나 #4コマ漫画(네칸만화) 같은 해시태그를 달고 만화를 싣는 사례가 등장하기 시작했는데, 2015년 시오리(しおり)가 인스타그램 계정 @bepo_shiori에 올리기 시작한 청각·발달·수면 장애 아들 육아기가 2만여 팔로워를 등에 업고 2017년 3월『말할 수 없고, 들을 수 없다. 그건 그렇다 치고 아들 카무는 오늘도 간다(話せない、聞こえない。それはさておき、息子カムは今日もゆく)』로 출간된 일을 주목할 만한 사례로 들 수 있다.

다시 말해 인스타그램은 이미 초기부터 개인의 만화 연재 공간으로 쓰이고 있었고, 이는 비단 웹툰이라는 표현을 정착시킨 한국만의 사례는 전혀 아니었다. 다만 그러한 이미지에 '인스타툰'이라는 명칭이 붙어 특정 장르화하는 것은 조금 다른 이야기다.

새로운 용어와 헤게모니

사실 인스타툰이라는 말 또한 그 자체로는 인스타그램 초창기부터 이미 등장했다. 서구권에서는 인스타그램 서비스 론칭 초창기인 2011~2012년 무렵에 이미 #instatoon(인스타툰)이라는 해시태그를 달고 한 칸짜리 카툰이나 드로잉을 올리는 사례가 나타나고 있었다.

여기에 인스타그램이 본래 스마트폰으로 찍은 사진을 공유하는 앱이라는 점에 착안해 사진을 윤곽선 강조+망점 처리로 흑백 만화처럼 바꾸어 인스타그램에 공유하기 좋게 만들어 주는 필터 앱들이 등장했는데, 이 중 이름 자체를 아예 'INSTATOON－Real Manga Effect Camera'으로 지은 사례가 한국 개발자 황민상의 손으로 2014년 11월 19일 등장한다. 이름은 같지만 다른 제작사인 NET Sigma가 서구권 스타일의 그래픽으로 변환하는 'Insta Toon: Cartoon&Art Cam' 앱을 2018년 3월 15일 출시하기도 했다. 이들 사례는 모두 만화가 아닌 사진 변환과 인스타그램 공유에 방점을 찍고 있는데, 전자는 페이스북을 통해 "인스타툰으로 찍고 #instatoon으로 공유해 주세요"라면서 앱의 페이스북 페이지에서 타인의 변환물을 볼 수 있게끔 독려하기도 했다. 이런 사례를 보면 인스타툰(instatoon)이라는 표현은 인스타그램에 올라오는 만화 또는 만화스러운 이미지를 뜻하는 표현으로, 사람들 사이에서 자연 발생한 말이며, 이를 자기 브랜드로 부각해 보려는 시도가 일부 있었던 것으로 해석할 수 있다.

이후 2015~2016년에도 '인스타툰'이라는 네 글자 한글을 해시태그로 담은 게시물들이 인스타그램에 올라왔으나, 이 말이 명확하게 만화의 특정한 경향성을 가리키는 표현으로 등장한 것은 2017년이다. 패션 일러스트레이터 오영은은 수년에 걸쳐 수영하며 경험한 바를 그림으로 그려 인스타그램에 남겼는데, 이것이 2017년 7월 14일 『수영일기』라는 제목으로 책이 되어 나왔다. 『수영일기』를 출판한 출판사 들녘은 책 소개에서 "인스타툰이 왔다! 일상툰을 넘은 수영툰, 웹툰이 아닌 인스타툰의 등장!"이라는 문구를 선보였다. 이 만화가 인스타그램에 실렸던 만화이므로 '웹툰'이 아닌 '인스타툰'으로 부르겠다는 명확하고도 비교적 과격한 새 시대 선언이었다.

인스타툰의 조건과 의미

출판사 들녘의 선언과는 달리 『수영일기』를 역사적인 첫 인스타툰으로 규정하기는 어려운 부분이 있었다. 적어도 그 표현 자체를 『수영일기』가 오롯이 처음 채용한 것은 아니고, 『수영일기』 또한 #드로잉, #카툰, #그림수필 등의 해시태그로 자신을 규정하고 있었기 때문이다. 책 뒤표지를 장식한 해시태그에도 '#인스타툰'이라는 해시태그는 없었다. 하지만 출판사가 내건 "일상툰을 넘은", "웹툰이 아닌 인스타툰의 등장"이라는 말 자체는 많은 상징성을 지니고 있다.

웹툰이 웹을 기반으로 한 세로 스크롤 형태의 상업 만화 형식을 가리키는 말로 완전히 정착한 2003~2006년 이래, 기술적인 화두를 앞세워 새로운 웹툰의 이름을 규정함으로써 업계 내 용어적 헤게모니를 쥐고자 하는 시도는 계속되어 왔다. 아이폰의 국내 도입이 2009년 11월이었고, 1년 만에 아이패드가 등장하면서 스마트폰과 태블릿이라는 양대 스마트 디바이스 시대가 열렸다. 이 흐름에 발맞추어 2011년부터는 우후죽순 기술적 이슈를 앞세운 새 웹툰의 개념이 등장했는데, 스마툰·스마트툰, 이펙툰, 앱툰, 패드툰, 탭툰 등이다. 이들 각 명칭은 스마트 디바이스에서 볼 수 있는 만화나 멀티미디어 효과를 담거나 이용한 만화, 스마트폰용 애플리케이션으로 나온 만화 등 직관적인 수준으로 작명되었지만 대부분 웹툰이라는 용어를 대체할 만큼의 성과를 내지는 못했다. 오히려 국내에서 대표적인 웹툰 사업체라 할 네이버 웹툰은 2020년 이래 국내외에 전방위로 'WEBTOON'을 상표 출원(국내의 경우 WEBTOON을 담은 녹색 로고 디자인에 국한)하고 대표 도메인을 webtoon.com으로 정하는 등 형식명으로서 '웹툰'의 헤게모니를 더욱 굳건히 하는 모습을 보여 주었다.

'인스타툰'은 이런 와중에 만화 사업과는 직접적인 이해관계가 없는 인스타그램이라는 사진 기반 소셜 미디어에서 사람들이 만화 또는 만화스러운 이미지를 그려 올리거나 공유하는 가운데 형성된 일종의 '대중적 합의에 이른 표현'이다.

즉 웹툰이 포털 웹툰 또는 웹툰 전문 사이트를 통해 발표되는 시리즈 작품으로 완연하게 정착한 시점에서 ① 소셜 미디어라는 개인 단위 구독 체제를 통해 직접 자기 독자를 만들 수 있고 ② 취미적인 일러스트레이션, 드로잉을 넘어 연재만화로서의 특징을 지니고 있으며 ③ 이를 인스타그램이라는 이미지 전문 소셜 미디어의 특성 위에서 구현한다는 조건을 갖출 경우 이를 부를 명칭으로서 '인스타툰'을 이용하는 건 앞서의 사례들과는 다르게 전혀 억지스럽지가 않았으며, 심지어 이미 적잖게 쓰이고 있었다.

다만 『수영일기』의 슬로건과는 달리 마침 『수영일기』와 더불어 이러한 특징에 해당하는 작품으로 주목할 만한 또 한 사례가 등장했는데, 바로 수신지의 〈며느라기〉다. 소재와 이를 소화하는 방식 면에서 압도적인 화제성을 지닌 〈며느라기〉는 형식 면에서도 게시물당 열 장이라는 인스타그램의 사진 첨부를 십분 활용해 장편 연재 극화를 만들어 내 그때까지 등장했던 여타의 만화적 시도와는 다소 다른 면을 보여 주었다. 그 결과 〈며느라기〉는 『수영일기』와 마찬가지로 '최초의 인스타툰'은 아니었으되 한국에서 인스타툰이라는 네 글자를 설명할 때 가장 첫머리에 오는 작품이 되었다. 무엇보다도 〈며느라기〉는 @min4rin 계정에서 주간 연재를 하던 당시 게시물마다 #인스타툰 해시태그를 붙이고 있었으며, 또한 창작자가 아닌 대중들 사이에서 2017년 6월 말부터 대표적인 소셜 미디어인 트위터에서 '인스타툰' 키워드와 함께 거론된 첫 작품이었다.

참고문헌

서찬휘(2012.1.13). 웹툰의 다음 스텝을 둘러싼 춘추전국시대 개막, 그리고 '트윗툰'의 등장. 서울애니메이션센터 웹진 iMage. https://www.ani.seoul.kr/spThemeClientViewNew.do?idx=258&currentPage=1&bbsType=spTheme&articleNo=258

이동인 · 오대석(2021.4.5). '웹툰' 이름 네이버만 쓰나…美日 이어 韓서도 상표등록. ≪매일일보≫. https://www.mk.co.kr/news/it/9816670

02

웹툰의 원초적 본능, 인스타툰

수신지 작가가 〈며느라기〉로 반응을 끌어내는 과정은, 내밀한 내 공간에서 직접 나의 독자를 만들었다는 점에서 웹툰의 초반 성립기 모습을 인스타그램에서 재현했다고 볼 수 있다.

<며느라기>가 쏘아 올린 작은 공

2017년 5월부터 2018년 1월까지 인스타그램에 공개된 수신지의 〈며느라기〉는 그야말로 '일대 사건'이었다. 작가가 사춘기나 갱년기처럼 며느리가 되면 겪는, 시댁 식구한테 예쁨받고 칭찬받고 싶은 시기를 가리킨다는 뜻으로 '며늘아기'에 빗대어 제목을 지은 이 작품은 굳건한 가부장체제 안에서 며느리라는 이름으로 암묵적인 침묵을 요구받아 온 여성들의 폭넓은 공감대를 형성하며 2017년 오늘의 우리만화상을 수상했다. 〈며느라기〉가 만들어 낸 성과는 강남역 살인 사건을 비롯한 사회적 사건의 여파 속에서 만화를 통해 여성들의 이야기를 만나고자 하는 이들의 움직임이 이어진 결과로 볼 수 있다.

〈며느라기〉에 주목해야 하는 이유는 수상 여부보다 다른 곳에 있다. 바로 포털을 비롯한 웹툰 전문 플랫폼이 아닌 인스타그램이라는 소셜 미디어의 개인 계정에서 오롯이 홀로 일궈 낸 결과물이라는 점이다. 〈며느라기〉는 수신지가 개설한 소셜 미디어 계정을 통해 공개되었으며, 작품이 끝난 무렵에는 인스타그램과 페이스북을 합쳐 약 60만 명의 팔로워(구독자)를 확보했다. 이 계정은 수신지 본인의 개인 계정이 아니라 작중 주인공인 '민사린'의 계정으로 설정돼 있는데, 작가는 실존 인물 민사린이 먹방 등

일상과 더불어 취미로 짬짬이 올리는 '웹툰'이라는 설정이었다면서 해당 설정을 연재가 끝날 때까지 깨고 싶지 않았다고 한다. ≪한겨레≫와의 인터뷰에 따르면 이는 작가와 개인의 자아를 분리한다는 수신지 나름의 원칙을 관철한 결과다. 그 결과 〈며느라기〉는 작중 풍경이 캐릭터의 일상 속에서 숨 쉬듯 일어나는 일임을 드러내며 공감도를 한층 더 높이게 된다. 실제로 〈며느라기〉가 연재되던 때의 계정 소개는 다름 아닌 '민사린의 신혼 일기'였다.

〈며느라기〉는 비단 작품이 드러낸 여성 서사라는 측면에서만이 아니라, 사진이나 일러스트를 넘어 일정 이상의 호흡을 지닌 만화를 인스타그램에서 어떻게 보여 줄 수 있을 것인가에 대한 명확한 선례를 남겼다. 마침 〈며느라기〉가 등장한 때는 인스타그램이 한 게시물에 첨부 가능한 이미지를 열 장으로 늘린 2017년 2월 하순에서 불과 3개월 남짓 지난 시기였다.

이 시기 수신지는 시나리오와 그림 샘플을 들고 주요 포털과 연재 사이트를 두드리다 받아 주는 곳이 없자 블로그에라도 올릴까 하다가 민사린의 소셜 미디어 계정이라는 아이디어를 떠올리고 인스타그램의 '게시물당 열 장' 포맷에 맞춰 만화를 새로 작업해 올리기 시작했다. 다시 말해 불과 몇 개월 사이에 개편된 인스타그램의 기능이

〈며느라기〉가 보여 준 극 만화로서의 형태를 가능케 한 셈이다. 만약 이 시기에 여전히 이미지를 한 장씩만 올릴 수 있었다면, 〈며느라기〉를 만나기는 어려웠을지도 모른다. 〈며느라기〉는 이와 같은 형식의 변화를 적절히 활용함으로써 '사진 전문 사이트에 올라온 만화'를 넘어 인스타툰이라는 거대한 흐름의 시작점을 확실하게 대표하는 작품으로 자리매김한다.

인스타툰, 웹툰의 시작점과 닮은

이렇듯 수신지가 〈며느라기〉를 기획해 내어놓는 과정은 한국의 만화사를 아는 이들에게는 강한 기시감으로 다가오는 부분이 있다. 바로 웹툰의 초반 흐름과 상당 부분 일치하기 때문이다.

한국에서 웹 브라우저의 세로 스크롤바를 내리며 볼 수 있는 형태의 만화가 등장한 것은 1997년이다. 1997년 당시는 IMF 구제 금융 사태와 「청소년보호법」 사태, 초고속 인터넷 가정 보급이 동시에 진행되던 극단적인 혼란기였다. 이 국가적 혼란 양상 속에서 공교롭게도 만화는 시대의 영향을 받는 것을 넘어 그 자체로 혼란의 한가운데에서 있었다.

먼저 출판 만화 시장이 법적 · 경제적 타격을 받았고,

경제 상황 악화로 명예퇴직을 당한 이들이 만화를 주로 대여하는 도서 대여점을 대거 창업하며 원래 없진 않았던 도서 대여점이 골목마다 2~3개씩 들어서 권당 대여가가 500원에서 300원을 거쳐 100원까지 떨어지는 과당 경쟁에 돌입하고 있었다. 이 와중에 만화 출판사의 공모전을 통해서만 프로 전업 만화가가 될 수 있었던 체제에도 균열이 가기 시작한다. 매체 공모에 응하는 것이 아니라 홈페이지나 포털 사이트 카페 등 웹 공간을 만들어 직접 독자를 만나는 이들이 등장하기 시작한 것이다.

〈쿨캣〉으로 시작해 〈스노우캣〉이라는 이름으로 일기만화를 홈페이지에 올리기 시작한 권윤주를 시작으로 취업용 포트폴리오 격인 만화를 홈페이지에 올렸던 〈마린블루스〉의 정철연, 카페 공간을 통해 팬시형 캐릭터를 만들어 화제를 모았던 〈파페포포〉 시리즈의 심승현이 이 시기를 장식한 대표적인 자가 발전형 작가들이다. 〈순정만화〉로 2003년 포털발 상업 웹툰의 본격 시작을 알린 강풀도 대학교 졸업 이후 400여 군데 회사에 만화 관련 일을 하고 싶다는 이력서를 냈다가 퇴짜를 맞았다. 강풀은 2002년 6월 홈페이지 강풀닷컴(kangfull.com)을 열어 당시 큰 화두였던 엽기적 소재를 일상 속에서 길어 낸 만화를 올려 큰 인기를 끌어모으기 시작했다. 엽기적인 발상으로는 남부럽지 않았던 '메가쇼킹' 고필헌 또한 '메가쇼킹 알타리쎈타'라는 홈페이지를 통해 기반을 닦은 경우라 할 수 있다.

이들의 창작이 대중의 시선을 잡아끌게 된 것은 외형적으로 볼 때 인터넷 환경의 보급이라는 시대적 요인도 한몫했다. 하지만 당시는 한편으로 기존의 종이 잡지라는 전통적 매체들이 해체되고 사라져 가는 가운데 만화라는 즐길 거리를 '만화여서 찾는' 충성도 높은 만화 독자층 또한 해체되어 가는 상황이었다. 웹툰의 시작점을 장식한 초기 스크롤 만화는 이렇듯 변화하는 노출 환경 속에서 만화 독자라는 정체성을 지닌 이들만이 아닌 인터넷 이용자 전체를 대상으로 하는 문화로서 부각되었고, 이윽고 포털 사이트를 통해 상업화하며 한국 만화의 한 축을 꿰차게 된다.

웹툰은 포털 사이트에서 서비스를 시작한 2003년 이래 한국에서 상업 만화로서의 대표 지위를 획득했고, 2010년대에 이르면 이미 압도적인 경쟁 속에서 점차 70~100컷을 넘나드는 회당 분량과 긴 회차, 트렌드를 좇는 스토리를 기본으로 하게 된다. 웹 소설에서 시작해 실사 영상 매체(드라마, 영화)로 연결되는 밸류 체인의 한복판에서 노블코믹스라는 하이브리드 장르가 자리하기 시작한 2010년대 후반에 이르자, 웹툰은 이미 만화가가 주인공인 무대도, 또한 스스로 그리고 싶은 작품을 내어놓고 독자를 만들 수 있는 무대도 아니게 되었다.

물론 이는 상업 엔터테인먼트로서는 충분히 갈 수 있는 길이다. 하지만 그만큼 성공 가능성과 대중성 등을 따지게 되면서 상업 연재 공간에 실릴 수 있는 웹툰의 소재와 형태가 다분히 정형화하는 경향이 생긴다. 이런 환경에서는 일상을 다루는 만화, 단순하지만 공감을 주는 만화, 또는 특정한 메시지를 담은 만화 등은 웹툰 연재란에서 독자를 만날 기회가 확연히 줄어들 수밖에 없었다. 웹툰이라는 만화 형식 자체의 상업적 성공은 갈수록 공고해져 급기야 전체 만화 산업 규모가 1조를 훌쩍 넘어서는 단계에 이르고 있지만, 정작 그 속에서 '대형' 만화를 만들어 낼 여지가 없는 만화 창작자 또는 그런 만화는 연재처의 선택을 받지 못하게 되는 것이다.

그 속에서 여전히 '내 이야기'를 하고 싶은 이들은 상업 웹툰 연재 공간 바깥을 찾아 나서기 시작했다. 비포털은 물론 상업 웹툰 플랫폼도 아닌 곳에서 자체 연재하여 화제를 모아 급기야 2019 대한민국 콘텐츠대상을 수상한 고사리박사의 웹툰 〈극락왕생〉의 연재처인 딜리헙을 비롯해 포스타입, 인디켓 같은 독자 후원 시스템을 갖춘 연재 공간이 부각되고 텀블벅(tumblbug.com) 같은 크라우드펀

딩을 통해 독립 만화를 제작한 『지역의 사생활 99』 같은 사례가 등장한 것도 자연스러운 일이다.

하지만 그 가운데에서도 '인스타그램에 올라온 만화들'에 눈길이 가는 건, 〈며느라기〉가 그러했듯 어느 시점에서부턴가 포털 등 상업 연재처에서는 도무지 선택하지 않으려 하는 소재나 비교적 규모가 작은 이야기를 지극히 개인적인 공간 안에서 불특정 다수를 향해 펼쳐 보이고 직접 독자를 끌어모아 팔로워, 즉 구독자로 만들 수 있음을 보여 주었기 때문이다. 내밀한 이야기로 내 공간에서 내 독자를 만들던 웹툰 태동기의 흔적이 시간을 뛰어넘어 인스타그램이라는 공간 안에서 오히려 가장 원초적인 형태로 재현된 모습이라 할 만하다.

참고문헌

서정보(2004.8.27). [주말 데이트] 인터넷 만화 돌풍 강풀. ≪동아일보≫. https://n.news.naver.com/mnews/article/020/0000257594?sid=102

서찬휘(2012.1.13). 웹툰의 다음 스텝을 둘러싼 춘추전국시대 개막, 그리고 '트윗툰'의 등장. 서울애니메이션센터 웹진 iMage. https://www.ani.seoul.kr/spThemeClientViewNew.do?idx=258&currentPage=1&bbsType=spTheme&articleNo=258

유선희(2019.11.19). 부조리한 시월드, 사이다 며느리 꿈꾸죠-웹툰

'며느라기' 수신지 작가 인터뷰. ≪한겨레≫.
https://www.hani.co.kr/arti/PRINT/841779.html
임채진(2014). 디지털 혁명기 한국 만화의 변화 과정에 관한 연구: 만화의 콘텐츠화를 중심으로. 성공회대학교 석사학위논문.
Instagram(2017.2.23). MULTIPLE PHOTOS AND VIDEOS IN ONE POST. Instagram official account(@instagram). https://www.instagram.com/p/BQ0eAlwhDrw/?utm_source=ig_embed&ig_rid=9599e182-c368-4a84-8be8-f893dbc0ea07

03

인스타툰의 형식미와 장르적 특징

인스타그램은 만화 연재처가 아니고 또한 트위터를 비롯한 다른 소셜 미디어에 만화를 올릴 수 없었던 것도 아니다. 심지어 인스타그램은 기본이 1:1 비율에 게시물당 열 장으로 한정돼 있다. 하지만 인스타그램은 역설적이게도 이 제약 조건들만 맞춰 내면 별 조작 없이 만화 내용을 오롯이 보여 주는 공간으로서 새 만화 장르명을 정착시킨 유일한 공간이 되었다.

인스타툰의 형식적 특징

인스타툰이 보여 주는 가장 중요한 특징은 바로 장당 종횡비와 너비가 제한되어 있고 전체 노출 영역 또한 그 제한된 너비만큼으로 명확하게 한정되어 있다는 점이다. 이는 여러 이미지가 담겨 있어도 다음 장의 내용이 게시물 하나마다 주어진 영역 바깥을 침범하지 않고, 등록자 또한 영역 바깥으로 내용을 멋대로 넘길 수 없음을 뜻한다.

인스타그램은 스마트폰 화면 안에 노출 영역 자체를 한정한 것도 모자라 종횡비 또한 기본 1:1, 조금 다르다 해도 4:5와 1.91:1, 9:16이라는 지극히 제한적인 수치를 강제하고 있다. 따라서 인스타툰은 한 화면에서 한 장을 보여 준 후 다음 장을 넘길 때 '세로로 길게 이어져 있는 하나의 이미지를 밀어 올리고 내린다(swipe)'가 아닌 '(분리된) 다음 장으로 넘겨서 본다'는 개념으로 접근하게 된다. 이는 칸의 경계를 웹툰처럼 허물기는커녕 오히려 강고하게 만드는 것으로, 칸 구분을 바탕으로 한 연출을 필요로 하게 된다. 즉, 인스타툰에서는 노출 영역 안에 명시적으로 칸 테두리를 치고 안 치고와는 별개로, 그 자체가 '한 칸'이 된다.

매우 고전적이기까지 한 이 환경 속에 인스타툰은 웹툰의 세로 스크롤과는 다른 '가로 스크롤'이라는 방식을 지니고 있다. 스마트폰에서는 인스타그램에 다중 업로드된 이미지를 엄지손가락을 대고 오른쪽에서 왼쪽으로 넘기는 동작을 통해 다음 장을 열람하게 되는데, 이는 오히려 일면 좌철 출판 만화의 '넘기기'와도 비슷하다.

출판물은 물론 웹 콘텐츠로도 몹시 제한적으로 보이는 이 너비는 인체 등신에서부터 시작해 공간감 등 만화의 원활한 표현 면에서 수많은 제약을 가하게 된다. 실제로 인스타툰에 쓰이는 이미지 해상도는 1:1 종횡비에서 가로×세로 1080×1080픽셀이고 출판을 염두에 두는 작품이 근래 채택하는 사례가 많은 4:5 종횡비에서는 가로×세로 1080×1350픽셀이다. 이를 화면에서 보면 더 작아 보이기도 하지만 그나마 넓은 4:5에서도 세로가 약간 짧다. 실제로 사진에 많이 쓰이는 크기가 4×6인치 즉 4:6인데 인스타그램에서는 이를 위아래로 다소 잘라 내게 되는 걸 확인할 수 있다. 4:6과 4:5, 그리고 1:1(즉 4:4)은 숫자만으로는 작은 차이로 보이지만 실제로는 그만큼 구현할 수 있는 연출과 공간성 자체에 큰 차이가 발생한다.

웹툰도 해상도의 차이 때문에 출판물에 비해서는 밀도를 다소 낮추고 선의 세밀함보다 면을 채우는 특징을 지니며 발전해 왔지만, 인스타툰은 그보다도 한층 더 단순화한 이미지를 전략적으로 도입해야 할 필요성을 지닌 장르로 주목받게 된다.

'인스타툰'이라는 독립된 장르명이 가능했던 까닭

소셜 미디어를 통한 만화 연재가 비단 인스타그램에서만 시도된 것은 아니다. 2011년 등장한 강도하의 〈TT스토리〉나 비슷한 시기 나온 이충호의 〈여자친구 관찰기〉는 소셜 미디어의 대표 격인 트위터(현 'X')의 기능을 활용해 포털 바깥에서 만화를 어떻게 노출할 것인가에 대한 고민 끝에 나온 결과물이었다. 특히 〈TT스토리〉는 트윗툰(tweettoon)이라는 트위터용 만화 브랜드를 도입한 일종의 작가적 실험이었으며, 〈여자친구 관찰기〉와 더불어 비교적 간단한 흑백 그림으로 구성되고 해시태그를 적극 활용하는 등 소셜 미디어에 적응하기 위한 시도가 돋보였다. 여기에 CPU 제조사 인텔의 페이스북 계정에 연재한 정철연의 〈마조 앤 새디〉는 포털 연재가 아닌 기업 계정을 통한 연재였다. 〈마조 앤 새디〉는 작가가 매체에 소속되지 않고 상업 연재가 가능한지에 대한 타진을 소셜 미디어를 통해 보여 주었다.

이 밖에도 〈구름 껴도 맑음〉의 그림비(배성태) 또한 일러스트레이션을 바탕으로 한 다양한 시도를 소셜 미디어를 통해 보여 주다 대기업 광고와 웹툰 플랫폼 연재 등으로 영역을 확장한 사례다. 트위터를 주무대로 활용하는 실키의 〈실키 두들〉이나 마사토끼의 유머 만화도 마찬가지로 전시와 도서 출간, 포스타입 유료 연재 등 다양한 활동 폭을 보인다. 이를 이화자 등의 연구자들은 소셜 미디어를 뜻하는 일본식 영어 표현 소셜 네트워크 서비스의 준말인 SNS를 따 'SNS만화', 'SNS툰'과 같은 표현으로 부른다(이화자, 2019). 이보혜는 아예 소셜 미디어의 범주를 트위터 이전의 블로그나 싸이월드까지 확장해 2000년대 초반의 사례들까지 SNS툰으로 포함시키도 했다(이보혜 등, 2021).

하지만 이런 여러 창작 사례가-트윗툰이라는 일종의 브랜드 선점 시도가 있었음에도-SNS툰이라는 지나치게 넓은 표현 외에 별도의 형식명 또는 장르명을 정착시키는 데 실패한 까닭은 트위터와 페이스북과 같은 여타 소셜 미디어가 만화를 보여 주기에 적합한 곳은 아니었기 때문이다. 단적으로 소셜 미디어들에 만화를 첨부하면 그 이미지 중 일부를 미리보기로 만드는데, 비율도 원래와는 맞지 않고 잘린 형태로 목록에 노출되기 때문에 일단 눌러 보지 않고는 내용을 파악하기 어려우며, 세로가 모니터 범위를 넘어설 경우 세로 너비를 기준으로 가로를 찌그러뜨린다.

강도하의 트윗툰 시리즈인 〈TT스토리〉는 결국 이러한 한계 바깥에서 자유도를 위해 별도의 서버와 도메인 주소(tweettoon.net)를 이용해 외부로 독자를 끌어내려는 전략을 택했으며, 그 노출 방식은 HTML이라는 웹 문서를 통해 이루어졌다. HTML은 익히기 어렵지 않고 적용하기에 따라서는 매우 높은 자유도를 보장하지만, 일단 회마다 HTML 문서를 별도로 만들어야 하는 시점에서 초창기 웹툰 정착기에 홈페이지를 직접 구축하던 수준의 귀찮음이 수반되는 건 어쩔 수 없다. 게다가 스마트폰을 비롯한 다양한 노출 창구에 다양하게 대응하는 반응형 웹 문서의 제작은 별도의 전문 지식을 필요로 한다.

한편 1:1이나 4:5 종횡비 또한 인스타툰만의 고유 특징이 아니다. 포털 웹툰 또한 네이버 컷툰이나 다음(현 카카오) 공뷰, 만화경 등 스마트폰에서 칸 단위 이미지를 가로로 넘기는 방식으로 만화를 서비스한 사례가 있기 때문이다. 즉, 제한적인 종횡비를 띠는 만화는 인스타툰이 인스타툰이기 위한 필요조건이 아니다. 상업 웹툰 서비스 업체들은 70~80컷에서 100컷에 달하는 통상의 연재물 사이에서 '스낵 컬처'로 소비될 만한 가벼운 소재 웹툰을 제공하곤 하는데 종횡비와 가로 넘김까지 인스타툰과 거의 같다. 그럼에도 그런 만화들은 일부가 포털 웹툰 속 일부인

'컷툰'으로 통칭될 뿐이다.

이렇게 인스타툰의 많은 특징이 오로지 인스타그램에서만 가능했던 것도 아니고 선례가 없었던 것 또한 아니다. 그럼에도 여러 소셜 미디어 가운데 특정 작가들의 시도가 아니라 별도의 장르명이 등장해 완전히 정착할 만큼 의미 있는 움직임이 나타난 건 오직 인스타그램뿐이다. 이는 역설적으로 인스타그램이 철저히 사진이라는 이미지 공유에 초점을 맞춘 스마트폰 기반 소셜 미디어였기 때문이다.

인스타그램은 스마트폰 한 화면 안에 노출되기 위한 너비를 자체적으로 강제함으로써 그 너비 안에만 내용을 담으면 별다른 조작 없이도 한 목록 안에서 있는 그대로 노출할 수 있었다. 또한 다중 업로드가 가능해지면서는 한 게시물 안에서 가로 스크롤을 통해 다음 이미지를 열람할 수 있게끔 설계함으로써 한 게시물마다의 화면 점유를 비교적 공평한 수준으로 강제하고 제어했다.

어느 사이엔가 웹툰 플랫폼들에서 잘 취급하지 않게 된 짧고 단순한 일상 소재나 공감 소재 만화들이 인스타그램에 모여들게 된 건, 당연히 인스타그램 측의 본의는 아니었으되 이렇듯 이미지 기반 소셜 미디어로서 자기 독자를 직접 만들 수 있다는 기능적 특징과 더불어 인스타그램이

지닌 스마트폰에 이미지를 노출한다는 것에 방점을 찍은 갖가지 제한적 요소가 복합적으로 작용한 결과다.

참고문헌

서찬휘(2012.1.13). 웹툰의 다음 스텝을 둘러싼 춘추전국시대 개막, 그리고 '트윗툰'의 등장. 서울애니메이션센터 웹진 iMage. https://www.ani.seoul.kr/spThemeClientViewNew.do?idx=258&currentPage=1&bbsType=spTheme&articleNo=258

이보혜 · 윤기헌(2021). SNS 1인 미디어 웹툰의 흐름-인스타툰을 중심으로. 한국디자인포럼 26(3), 149~160, 한국디자인트렌드학회.

이화자(2019). SNS 만화 현황과 특징, 발전방향. ≪2019 만화포럼 칸≫. 235~256.

임채진(2014). 디지털 혁명기 한국 만화의 변화 과정에 관한 연구: 만화의 콘텐츠화를 중심으로. 성공회대학교 석사학위논문.

04

인스타툰의 형태적 특질과 이야기 전달 전략

인스타툰은 흔히 가로와 세로라는 스크롤 방향만이 아니라 첨부하는 첫 장에 따라 고정되는 종횡비 등 웹툰과는 본질적으로 차이가 있다. 따라서 인스타툰의 작가들은 웹툰과는 이야기 전달 면에서 명확히 다른 방법을 선택해야 했다. 시각적·서사적 정보량을 강하게 통제해야 하는 한계 속에서 작가들은 각자의 위치에서 길어 올린 특징 강한 소재와 강력한 클리프행어를 구사한다.

웹툰과 인스타툰의 본질적 차이

인스타툰의 특징은 거의 모든 면에서 웹툰의 특징과 어긋나 있다. 둘은 단지 세로와 가로라는 스크롤의 방향만 다른 것이 아니다.

인스타툰은 ① 인스타그램이 제시하는 1:1, 4:5, 1.91:1, 9:16 이외의 종횡비를 지닐 수 없고 ② 첫 이미지의 종횡비에 따라 첨부하는 추가 이미지들의 종횡비도 고정되며 ③ 이미지와 이미지 사이의 스크롤에 중간 단계를 두지 않는다. 이 말은 각 이미지의 최대 세로 너비가 스마트폰 액정 크기를 벗어날 수 없고, 각 이미지가 그만큼씩 명확하게 분절됨을 뜻한다. 가로 스크롤을 통해 다음 장으로 밀어 전환(트랜지션)하는 과정에서 앞장과 뒷장의 일부를 볼 수는 있지만 그 중간 어느 지점에서 전환을 멈출 수는 없다. 따라서 인스타툰은 태생적이자 명시적으로 각 이미지가 유기적 연결성을 띠기보다 따로 떨어져 독립되어 있다. 그 자체가 사방이 막힌 '한 프레임'이자 '한 칸'으로서 규정되며, 나아가 분량 면에서도 게시물당 열 장이라는 한계에 놓인다.

비유하자면, 웹툰이 세로로 긴 족자(簇子)를 게시판 틀 안에서 말아 올리는(roll-up) 방식으로 계속해서 여러 내용물을 노출하는 광고판·안내판인 스크롤링 빌보드

(scrolling billboards) 또는 스크롤링 시스템(scrolling system)에 가깝다면 인스타툰은 동일한 너비의 그림을 붙여 가로로 둘러친 일종의 병풍(屛風, folding screen) 같은 형태를 띤다.

인스타툰의 형태적 특질이 이야기 전달에 주는 영향

인스타툰의 병풍 형태는 만화로서의 전달력에 매우 큰 제약을 가한다. 칸의 크기가 작음은 곧 정보량의 제한을 뜻하고, 한 장 안에서 표현할 수 있는 너비가 고정되어 있음은 전달하고자 하는 감정의 크기를 처음부터 끝까지 균일하게 통제함을 뜻한다. 또한 인스타그램은 첨부된 이미지 사이의 틈을 제공하지 않는다. 이는 곧 한 장=한 칸 단위로 꽉 채워 연출할 시 칸새가 기능할 여지가 사라짐을 뜻한다.

인스타그램이 만화가 전용이 아닌 이상 인스타툰 창작자가 하고자 하는 이야기를 독자에게 전달하기 위해서 감안해야 할 점들은 명확하다. 인스타툰 형식으로 무언가를 이야기하고자 하는 사람은 시각적 · 서사적 정보량을 매우 적극적으로 통제해 내야 하며, 또한 게시물 하나에서 구현할 수 있는 분량이 표지를 포함해 최대 열 칸 안쪽임을 감안해 긴 호흡을 필요로 하지 않는 소재를 선택해야 한다. 종횡비의 한계로 인체를 길게 그리기도 어려우므로 데포르메(왜곡)를 일정 이상 준 그림이 아니면 인물의 동세나 감정 표현을 담아내기도 쉽지 않다. 즉, 인스타툰은 인물의 감정선과 서사를 유려하고 긴 호흡으로 담아내기에는 어려운 장르이며, 고난도 작화의 쾌감을 읽어 내기에도 무리일 만큼 틀이 작으므로 이야기와 작화를 지극히 단순화해야 하고 길이 또한 짧아야 한다.

이렇게나 한계가 명확해 보이는 장르임에도 인스타그램을 만화 연재의 장으로 선택한 이들은 한계 안에서 최선을 강구하고 있다. 그 전략을 세부적으로 따져 보면 다음과 같다.

인스타툰의 이야기 전달 전략

먼저 들 것은 공감에 방점을 찍은 소재 선택, 그리고 이를 극대화하는 소셜 미디어 활용이다. 〈며느라기〉가 인스타툰이 일정 이상의 호흡을 지닌 극이 가능하다는 가능성을 보였지만, 〈며느라기〉의 성과는 단지 극이어서가 아니라 페미니즘이라는 시대에 조응한 소재를 적절하고 명확하게 선택했기 때문에 가능했다.

강남역 살인 사건이 일어난 2015년과 "소녀는 왕자가 필요 없어" 티셔츠를 입었다는 이유로 게임에서 데이터를 삭제당한 2016년의 〈클로저스〉 성우 퇴출 사건 이래 각성한 여성들의 분노 섞인 목소리를 흡수할 콘텐츠가 필요했고, 〈며느라기〉는 바로 그 시점 가부장 체제하의 여성들의 현재를 명징하게 담아낸 작품으로서 부각되었다. 이를 등장인물이 현실에 실존하고 있으며 그 인물의 일기가 올라온다는 콘셉트로 별도의 계정에 담아냄으로써 작품 속 캐릭터로서만이 아니라 여성들로부터 '나와 같은 시대를 사는 누군가의 지금 현재 이야기'라는 공감대를 끌어냈다. 후속작인 〈곤〉(@noh.family)은 여기서 한 발짝 더 나아가 낙태를 둘러싼 사회 구성원들의 이중적 시선과 여성에게만 전가하는 우리 사회 돌봄 노동의 문제를 더없이 신랄하게 비추어 내며 역시 여성층의 깊은 공감을 얻어 냈다.

〈며느라기〉와 〈곤〉이 가상의 인물을 동원한 극으로 부각되었지만, 한편으로 많은 인스타툰이 '나'의 일상 또는 경험을 담아내는 형태로 독자들의 시선을 끌어모은다. 원래 웹툰 태동기부터 일상툰이라는 장르가 있었던 만큼 개인의 이야기가 만화로 드러나는 것이 생소한 일은 아니다. 하지만 인스타툰으로 자리를 옮겨 온 일상과 경험의 만화화는 만들기도 보기도 부담이 한층 덜하다는 특징이 있다.

아이패드나 갤럭시탭을 비롯해 펜 터치 작화가 가능한 태블릿 또는 스마트폰이 널리 보급된 이래 누구나 내 이야기를 할 도구로 '만화'를 떠올렸고, 인스타툰은 이제 분량과 들이는 공 면에서 괴수 대행진 내지는 차력 쇼에 가까워진 포털 웹툰과 달리 성공을 염두에 두기보다 일단 시작해 볼 만한 곳으로 여겨졌다. 보는 이들 또한 짧은 분량의 이야기를 가볍게 보고 공감 표시로 '좋아요'를 누르는 데 익숙해져 있다.

웹툰 초기의 일상툰과 인스타툰이 보이는 차이가 있다면, 세상 속 온갖 곳에서 살아가고 있는 사람들 각각의 특징적인 이야기가 '묶여' 나오고 있다는 데 있다. 물론 배성태(@grim_b)와 같이 예쁘고 감성적인 그래픽은 여전히 사람을 끌어모으는 데 강력한 동인이 되지만, 소아 뇌전증을 앓았던 딸의 이야기를 그려 낸 〈오늘도 맑음〉(@slow_indigo_, 릴스화하며 〈뇌전증 해방일기〉로 개칭)이나 유튜버 '올리버쌤'의 아내로 미국 텍사스에서 딸을 낳고 살고 있는 마님의 국제 혼인 일상툰 〈마님툰〉(@manimtoon), 병원에서 근무하는 약사라는 흔치 않은 직업을 가진 이가 겪는 일들을 그린 〈병약해도 괜찮아〉(@yu_yak), 간호사 생활을 하며 겪은 일화를 담아낸 간호사 비자(@rn.bizza) 같은 사례는 각자 자기 위치에서 특징적인 소재를 묶어 내며 경험으로 공감을 이끌어 내는 경우라 할 수 있다.

제보와 사연을 받아 만화로 그려 주는 사례도 있다. 이는 공감을 사는 또 다른 방식으로, 소셜 미디어의 중요한 기능인 덧글마저 넘어 아예 구독자를 소재로 삼는다는 점에서 라디오 방송의 만화 버전이라 할 만하다. 경험을 담은 인스타툰을 그리던 간호사 비자는 간호사들에게서 제보받은 사연을 본인의 캐릭터로 각색해 내어놓고 있다. 개인 이야기는 혼인 이후 신혼 생활을 담은 인스타툰 계정(@rn.bizza_life)을 별도로 열고 활동 범위를 확장한 상태다. 한편으로 〈무엇이든 그려드립니닷!〉과 〈사연을 그려드립니닷!〉을 연재하고 있는 키크니(@keykney)의 사례를 비롯해 서른 살에 떠난 캐나다 이민 생활기인 〈우리 집은 캐나다로 정했어요〉를 그렸던 박태욱(@tedbark)의 〈당신의 사연을 그려드립니다〉, 엄친아(엄마 친구 아들)라는 말을 유행시켰던 〈골방환상곡〉의 이야기 작가 워니가 그리는 사장 입장에서의 환장할 만한 사연들 이야기 〈사장환장곡〉(@wonytoon) 같은 작품이 공감을 얻고 있다.

게시물당 열 장이라는 분량 탓에 대체로 짤막한 에피소드들이 인스타툰의 주를 이루지만, 개중 한 타이틀로 긴 이야기를 묶어 내는 작품의 경우는 회차별로 연결 고리를 강하게 만들어 두는 경우가 있다. 이와 같은 클리프행어(cliffhanger), 우리식으로 '절단신공'이라 부르는 기술은 모든 중장편 연재물에 통용되는 바지만 인스타툰은 게시물당 분량이 짧기 때문에 더 기술적으로 내용을 기억에 남기면서 다음 회차를 궁금하게 만들어야 독자의 관심을 뒤로 연결하기 좋다. 많은 경우 마지막 장에서 앞과는 다른 반전에 해당하는 클로즈업 컷과 내레이션이 활용된다. 과학고를 다니며 겪은 귀여운데 범상찮은 일화를 재미나게 담아낸 〈과학고 생존일지〉(@bba ng._.zzin)나 의인화한 캐릭터로 본인 또는 주변의 속 깊은 이야기를 그리는 하마(@hago0117)의 만화가 이러한 효과를 적극적으로 활용하는 사례다.

참고문헌

유선희(2019.11.19). 부조리한 시월드, 사이다 며느리 꿈꾸죠-웹툰 '며느라기' 수신지 작가 인터뷰. ≪한겨레≫. https://www.hani.co.kr/arti/PRINT/841779.html

05

인스타툰의 정보 분배 전략

칸 안에 그림을 그리고 발화의 방향에 따라 글씨를 배치하면 곧바로 만화처럼 보인다. 그만큼 그래픽과 칸과 문자는 만화의 기본 중 기본이라 할 만하다. 인스타툰에서도 이들 요소는 당연하게 쓰이지만, 한편으로 공간의 제약이라는 한계 속에서 다양한 고민거리를 만들어 낸다.

인스타툰의 그래픽과 '단순함'

인스타툰의 표현 방식에서 눈여겨봐야 할 점은 짧은 분량 안에서 이야기에 공감할 수 있을 만한 개성과 특징을 갖춘 그래픽이다. 인스타툰의 초기부터 활동한 간호사 비자(@rn.bizza)의 작가 비자는 미래의창 출판사와 2022년 진행한 인터뷰 〈본캐는 간호사, 부캐는 인스타툰 작가! 간호사 '비자'의 이야기〉에서 "눈에 거슬리지만 않는 정도라면 사람들은 인스타툰의 작화를 집중해서 보지 않습니다"라고 말한 적이 있다. 인스타툰에서 그림이 중요하지 않다는 말로 오해를 살 수도 있지만, 실제로는 전하고자 하는 바에 부합하는 적절한 그래픽을 선택하는 일이 더 중요하다는 점을 강조한 말이다.

인스타툰의 그래픽은 대체로 단순하다. 단순화의 일차적 요인은 인스타그램이라는 노출 환경이다. 그러나 이는 인스타툰의 극히 일부만을 가리킨다. 인스타툰이 주로 끌어내고자 하는 것이 공감이라는 점을 볼 필요가 있다.

만화에서 인체 표현과 배경 묘사를 비롯해 그래픽의 역량이 압도적일 때에는 깊고 묵직하며 또한 독자를 강한 힘을 이용해 목표 지점으로 몰아가고 끌고 가는 이야기가 어울린다. 하지만 여기에는 독자인 '나'가 이입할 구석이 많지 않다. 이와 관련해 참고할 만한 언설은 스콧 매클라우드(Scott McCloud)의 만화 이론서 『만화의 이해(Understanding comics)』에 있다. 이 책에서 매클라우드는 카툰 화법(cartooning)이라는 개념을 설명하며 사실화에 가까운 얼굴 표현은 다른 사람의 얼굴로 보게 되지만 지극히 추상화한 형태의 얼굴을 놓고는 카툰화의 세계로 들어올 때 그것이 자기 자신으로 보이게 된다고 말한다.

『만화의 이해』에서 매클라우드는 화자로서의 자신을 지극히 단순화한 디자인으로 등장시키는데, 잠시 실제 얼굴에 가까운 모습을 보이고선 "제가 이런 모습이라면 여러분이 제 말에 귀를 기울일까요?", "여러분은 아마 전달자를 너무 의식해서 메시지 자체를 완전히 받아들이지 못할 겁니다"라고도 말한다. 카툰 화법에 대한 그의 분석은 만화 표현의 근본에 해당하는 지점을 가리키고 있지만, 한편으로 대상의 특징을 잡아내는 추상화를 거친 단순한 그림을 단지 그리기 쉬워서, 빨리 많이 올려야 해서, 환경상 복잡하게 그리기 어려워서 채택하는 것만은 아님을 보여준다. 인스타툰이 단순한 그래픽, 나아가 웹툰 시대에 보편화한 풀 컬러 채색조차 내려놓고 색 정보를 과감하게 줄이는 데에는 독자로 하여금 "이것이 내 이야기기도 하다"라는 공감대를 강하게 형성하려는 이유도 있다.

단순함이 곧 "못(막) 그려도 된다"와 동의어는 아니다.

엄연히 단순한 그래픽에도 기할 수 있는 완성도는 있다. 다만 인스타그램과 같이 게시물당 열 장이라는 한계와 동일선상에 선 수많은-어쩌면 포털의 정식 연재는 물론 도전 만화 게시판을 쳐다보는 이들보다도 많을-이야기꾼들을 비집고 나의 이야기를 강렬하게 전달하기 위해서는 그래픽 자체의 엄정함과 완성도보다 나의 개성이 확실하게 묻어나는 스타일과 만화 언어가 더 중요하다.

이 점에 비추어 보자면 인스타툰을 단지 '단순하지만 예쁜 그림으로 표현된 일상 소재 컷툰' 정도로 소개하는 건 불합리하다. 공감을 끌어내는 소재와 이야기, 이를 극대화한 단순한 캐릭터 디자인, 만화 기호와 카메라의 적절한 이용을 잘 보여 준 대표적인 사례인 수신지의 〈며느라기〉와 〈곤〉은 잘 만든 인스타툰이란 무엇인지에 대한 확실한 지표를 보여 준다. '단순함'에만 방점을 찍는다면 인스타툰에서 귀여움이나 팬시함 외의 덕목을 찾기 어렵겠지만, 하고자 하는 이야기에 따라 모든 구성 요소와 연출의 의도를 명확히 한 인스타툰은 만화로서의 몰입감을 충실하게 선사한다.

인스타툰과 칸의 분할

인스타툰은 1:1에서 4:5로 지원 비율을 추가하면서 표현 공간이 다소 늘어나긴 했으나 스마트폰이라는 물리적인 노출 환경의 한계에서 칸 연출을 원활히 하기는 어렵다. 때문에 대부분의 인스타툰은 '인스타툰' 하면 떠오르는 인스타그램의 기본 프레임 안에 꽉 채운 이미지를 한 칸으로 삼아 전개시킨다.

하지만 이야기하고자 하는 바가 많거나 극적인 효과를 주고 싶을 때는 칸을 분할하여 칸 테두리를 치기도 한다. 많이 쓰이는 것은 화면을 가로나 세로로 반 나누는 것이며, 경우에 따라서는 대각선 방향의 분할이 등장하기도 하는데 한층 더 극적인 대비 효과를 보여 주기 위한 장치로 쓰인다. 3분할도 드물게 쓰이기는 하나, 대치가 아닌 나열을 위해서는 오히려 칸 분할과 테두리 없이 객체를 적당히 띄워 배치하는 방식이 곧잘 쓰이는데 이는 대체로 전개상 두세 덩어리를 넘어가지 않는다. 웹툰 〈모두에게 완자가〉를 그렸던 완자의 레즈비언 커플 일상 인스타툰(@wanza_me)은 딱히 칸을 구분하지 않고 이야기 덩어리 두어 개를 한 장 안에 배치하다 다음 장에서 한 덩어리만으로 한 장을 가득 채우는 방식으로 주위를 환기하는 완급 연출을 능란하게 구사한다.

분할 하면 생각나는 전통적인 칸 수인 네 칸의 경우, 안에 담을 수 있는 바가 매우 줄어듦에도 형식에 대한 익숙

함과 한 면에 네 칸을 담아 전개할 수 있다는 점에서 자주 보이는 형식이라 할 수 있다. 꿀김(@ggul_gim)의 〈악어 대리〉 시리즈, 서구권 인스타툰 초기 사례라 할 세라 앤더슨의 〈세라의 낙서〉(@sarahandersencomics)는 매우 전형적인 4분할의 사례다.

인스타그램에서 칸 분할을 할 때 스마트폰 화면상으로 확대 없이 글씨를 포함한 만화 정보를 전달케 할 수 있는 칸 수의 한계점은 사실상 4분할이라고 보아야 한다. 그 이상은 극적 연출의 영역에 가까우나 1080픽셀을 넷 이상 나눌 때 넣을 수 있는 정보량 자체가 지극히 낮다는 점을 염두에 두어야 한다. 반면 칸 분할을 하지 않지만 한 프레임 안쪽에 여백을 약간 두고 칸 테두리를 치는 경우도 있는데, 화면 하나를 통째로 사용하는 것보다 화면을 좁게 쓰게 되는 단점이 있지만 역으로 입체성을 살리는 연출을 가능케 한다. 이는 이야기가 전개되는 공간과 바깥 공간을 안과 밖으로 분리하고 구분하는 방식으로 원래부터 좁은 표현 영역을 더 제한하여 오히려 '넘나들' 여지를 만들어 낸다. 커플 만화로 인기를 끌고 있는 하나씨(@ha_na_ssi)의 경우도 이 여백을 이용한 입체감을 십분 활용하는 사례이나, 칸을 치지는 않고 대신 매 프레임에 동일 색상 동일 너비로 밑색을 깔아 흰색 여백과 구분을 지은 후 캐릭터를 색 배경 바깥에 배치해 명시적인 공간감을 만들어 내고 있다.

인스타툰의 문자 표현

한편 인스타툰에서 분할과 배치의 문제는 그 안에 들어가야 할 대사와 지문 등 글자에도 지대한 영향을 끼친다. 1:1이든 4:5든 이미지 영역과 글자의 영역을 따로 두기에는 위아래가 좁기 때문에 글자를 세련되게 넣기가 쉽지 않다. 문자의 표현과 배치, 미적인 조화는 인스타툰의 소비에서 중요하다. 물리적인 노출 화면이 작으니 글씨가 더 눈에 잘 보여야 하기 때문이다.

이런 연유로 인스타툰은 대사를 넣을 영역을 반드시 충분하게 확보해야 한다. 대사는 말풍선으로 감쌀 수 있으나 지문은 그림 속에 섞이게 되므로, 대사만으로 진행시킬 것이 아니라면 지문의 노출을 염두에 두고 그래픽 요소를 배치해야 한다. 인스타툰 상당수가 채색을 단조롭게 하거나 채도를 낮추는 편이기 때문에 색으로 말미암은 혼선은 적지만 배경을 비롯해 그림이 위아래로 가득 찬 경우 부득이 글자 외곽에 획을 쳐야 하는 일이 발생한다.

인스타툰은 많은 경우 배경을 꽉 채워 그리지 않음으로써 밀도를 낮추고 인물의 발화와 외양에 집중시키곤 하는

데 이 경우 위아래 공간에 글자를 배치하기가 용이하다. 하지만 그래픽의 밀도가 높은 경우 지문을 그냥 배경 위에 놓기보다 지문을 위한 글상자를 배치하는 경우가 많다. 하지만 이 경우 지문의 비중, 즉 작가의 해설자적 역할이 높을수록 그래픽 요소가 드러날 공간을 심각하게 줄이는 단점이 있다. 결국 인스타툰에서 문자란 곧 그 어떤 만화 장르보다도 공간과의 싸움이 심한 요소이자 그래픽의 역할을 제약하는 요소인 셈이다. 그런 점에서 볼 때 인스타툰에서는 그래픽 정보를 줄이는 것만큼이나 '할 말의 압축'이 매우 중요한 덕목이 된다.

참고문헌

미래의 창 블로그(2022.12.8). 본캐는 간호사, 부캐는 인스타툰 작가! 간호사 '비자'의 이야기. https://blog.naver.com/miraebookjoa/222949690025

McCloud, S.(1993). *Understanding comics*. William Morrow Paperbacks. 김낙호 옮김(2008). 비즈앤비즈, 32~67.

06

릴스의 대두와
인스타툰의 형태적 변주

인스타그램은 2002년 이래 틱톡에 대응해 숏폼으로 일대 전환을 꾀하기 시작했다. 바뀐 알고리즘 속에서 인스타그램은 자신들의 정체성이었던 사진보다 영상인 릴스를 더 중시하게 됐다. 인스타툰은 이에 대응하기 위해 영상 첨부, 음악 삽입 등으로 표현 폭을 확장하고 있다.

릴스의 등장과 알고리즘의 변화

인스타그램은 개편을 통해 2020년 8월(한국에서는 2021년 2월) 숏폼(shortform) 동영상 콘텐츠인 릴스(Reels)를 론칭한 이래 서비스 내에서 사진에 비해 릴스의 비중과 노출도의 비중을 높여 나가고 있다. 인스타그램의 공지가 나온 것은 아니지만, 2022년 이후 인스타툰 작가들 사이에서는 "하던 대로 했을 뿐인데 어째선지 노출도가 갑자기 떨어졌다"는 말이 심심찮게 나돌았으며, 그 원인으로 지목된 것이 '인스타그램의 알고리즘이 릴스를 더 본격적으로 노출하기 시작했다'는 것이었다.

틱톡(Tiktok)의 공세에 맞대응하기 위해 인스타그램은 2022년 7월 인스타그램 알고리즘을 개편하면서 프로필의 동영상 탭과 릴스 탭을 통합했다. 크리에이티브 스트래티지스트(투자 전략가)인 미셸 발리(Michelle Bali)는 쇼피파이(Shopify)의 공식 유튜브 채널인 'Learn and Shopify'의 2022년 11월 5일 자 영상 〈인스타그램이 당신에게 알려 주고 싶지 않은 알고리즘의 비밀(Algorithm secrets Instagram doesn't want you to know)〉에서 "내 생각엔 사진을 아예 버려야 할 것 같다"면서 캐러셀(carousel: 단일 게시물 내 여러 이미지를 넣는 '회전목마' 방식. 병풍형 나열인 인스타툰이 대표적 사례)이나 한 장짜리 사진들도

잊고 매일매일 릴스를 만들라고 역설했는데, 그 근거를 "(릴스가) 사진보다 120% 더 넓은 도달 범위를 얻을 수 있기 때문"이라고 했다.

2022년 7월 한 달 동안 인스타그램 게시물 7760만 개를 분석하여 최신 참여 동향을 측정한 인스타그램 성과 분석 서비스 하이프오디터(Hypeauditor)의 2022년 8월 20일자 〈인스타그램에서 다양한 유형의 콘텐츠를 수행하는 방식(How different types of content perform on Instagram)〉이라는 발표에 따르면 릴스의 도달률이 33.8%로 이미지 29.9%, 캐러셀의 22.4%, 일반 비디오 13.9%에 비해 높다. 앞 해와의 추이를 분석하기 위해 소셜 미디어 분석 및 벤치마킹 서비스 소셜인사이더(Socialinsider)가 2022년 1월부터 2023년 5월까지의 인스타그램 게시물을 분석한 〈인스타그램 콘텐츠 실적 연구(Instagram content performance study)〉도 참고하자면, 릴스가 2022년 30.17%에서 2023년 30.81%로 상승한 데 비해 이미지는 2022년 16.65%에서 2023년 13.14%로, 캐러셀은 2022년 26.13%에서 2023년 14.45%로 떨어지고 있다. 즉, 캐러셀로 부르는 병풍형 다중 첨부 게시물의 도달률이 2022년과 2023년 사이에 매우 크게 떨어졌다는 것이 통계로 입증된 셈이다. 이는 사실상 인스타툰이 성립

할 수 있었던 근간 자체가 뒤흔들리는 '사건'이다.

영상과 인스타툰의 접목

소셜인사이더의 보고서에 따르면 릴스의 노출도는 2022년 50.42%에서 2023년 33.83%로 줄었다. 하지만 이 수치는 이미지의 2022년 12.60%와 2023년 14.32%, 캐러셀의 17.78%와 2023년 17.88%에 비해서는 두 배에 달하는 것으로, 릴스가 다른 사용자들에게 이미지나 캐러셀보다 훨씬 더 많이 노출되고 있음을 보여 준다.

한편 인스타그램 안에서 노출을 결정짓는 요소는 참여율, 즉 인게이지먼트 레이트(engagement rate)다. 참여율은 인스타그램 마케팅에서 매우 중요한 위치를 차지하는데, 그 높낮이로 콘텐츠의 노출 효과를 가늠할 수 있다. 이 참여율 면에서도 릴스가 다른 형식에 비해 월등히 높다. 릴스가 2022년 1.66%에서 2023년 1.23%가 된 데 비해 이미지는 2022년과 2023년 0.72%로 동률이고, 캐러셀은 2022년 1.04%에서 2023년 1.02%가 됐다. 하이프오디터의 보고서에 따르면 댓글이 달리는 정도는 릴스보다 이미지 게시물이 더 높다고 하지만, '좋아요'와 팔로워를 포함한 참여율 수치는 2002년 무렵부터 릴스가 높았다.

실제로 릴스는 따로 마련되어 있는 릴스 섹션에서도 노

출되기 때문에 탐색창은 물론 팔로우(구독)를 하지 않는 이용자층에게도 노출될 가능성이 높아진다. 따라서 참여율을 높이는 전략을 쓰고 싶다면 인스타그램에 사진보다 릴스를 올리는 쪽이 낫다는 결론이 나온다. 이와 같은 흐름은 2021년 이미 예고된 바 있다. 2021년 7월 인스타그램의 헤드 디렉터인 애덤 모세리(Adam Mosseri)는 "우리는 더 이상 사진 공유 앱, 또는 정사각형 사진 공유 앱이 아니다(We're no longer a photo-sharing app or a square photo-sharing app)"라고 천명하기도 했다. 인스타그램 마케터들 또한 인스타그램의 영상 중시 행보에 아이러니함을 토로하면서도 성장을 꾀하려면 릴스를 활용해야 한다고 말하고 있다. 이런 상황에서 사진 대신 만화를 올리며 정착한 인스타툰 작가들 사이에서도 형태적 변주를 시도하는 사례가 등장하는 건 자연스러운 일이었다.

변주의 대표적인 사례로는 만화와 영상을 섞거나 영상화한 만화를 올리는 경우를 들 수 있다. 이를테면 장면 중 일부나 마지막 즈음에 움직임을 가미한 동영상을 첨부하는 경우가 있었는데, 점차 회차 전체를 이어 붙여 자동 전환하듯 처리한 동영상을 릴스로 올리거나 심지어 회차의 장면 장면에 애니메이팅을 가미하는 경우도 나타났다. 하마(@hago0117)와 같이 연재 중인 만화 캐릭터의 감정선을 반영한 오리지널 릴스를 만들어 독자를 만화로 유도하는 경우가 있는가 하면, 윤찐빵(@bbang._.zzin)이나 간호사 비자(@rn.bizza)처럼 기연재한 만화 내용에 간단한 움직임과 전환 효과, 직접 더빙을 덧붙여 별도의 릴스로 올리거나 핑크캔서_다이어리(@pink_cancer_diary), 인디고(@slow_indigo_)처럼 연재한 분량의 이미지를 넘기면서 배경 음악을 까는 정도로 만드는 사례가 있다. 한두 칸 가량의 캐주얼한 캐릭터 무언 카툰을 보여 주는 조구만(@joguman.studio)은 카툰과 릴스로 만든 애니메이션과 상품으로 만든 캐릭터 사진이 명확하게 구분되지 않은 형태의 게시물을 보여 주기도 한다.

많은 작가가 기존에 올린 만화를 화면만 전환하는 형태로 릴스화하여 올리고 있지만, 열 장 중 마지막 장 정도를 애니메이션으로 만들거나, 경우에 따라서는 아예 첨부할 이미지 열 장을 모조리 영상으로 만들기도 한다. 후자의 경우 겉으로 볼 때는 마치 정지 화상 같지만 실제로는 영상 열 개가 한 묶음으로 병풍화한 것이다. 이와 같은 방식은 가로가 긴 화상이 이어지는 파노라마 연출을 할 때에도 특정 위치를 영상화하는 식으로 유연하게 적용할 수 있다.

인스타툰의 표현 폭 확장과 그 의미

기능 추가에 따른 변화는 비단 영상화에만 해당하지 않는다. 일례로 2023년 8월부터 여러 이미지를 첨부할 때에도 배경 음악을 넣을 수 있게 되면서 인스타툰에 배경 음악을 삽입하는 사례가 등장하기 시작했다. 인스타그램의 배경 음악 삽입은 컴퓨터에서는 작동하지 않고, 인스타그램에서 계약을 거쳐 제공하는 오디오를 인스타그램 안에서 검색해 쓰기 때문에 저작권 침해 문제가 발생하지 않는다. 이는 회차마다 어울리는 배경 음악을 쓸 수 있을 뿐만 아니라 독자들에게 한층 더 다양한 경험을 안겨 줄 수 있다는 장점도 있다.

큰 기술적 개발 없이 애니메이팅과 음악, 음향이 삽입된 만화를 보여 줄 수 있다는 점은 인스타그램의 확장된 기능 덕에 인스타그램이 지닐 수 있게 된 주요한 특징이다. 그간 웹툰에서 다채로운 시각 · 음향 효과란 〈옥수역 귀신〉, 〈봉천동 귀신〉을 비롯해 별도의 스크립트를 구성해 서비스 업체 단위에서 허용 · 적용해 주어야 구현 가능한 것이었다. 인스타그램은 이미지와 영상을 교차해 넣는 방식으로 특정 위치에서의 움직임과 음향 효과를 부여할 수 있다. 이는 그간 이펙툰, 모션툰을 비롯해 멀티미디어적이고 애니메이션적인 만화를 시도하던 사업 사례들이 무색하리만치 다양한 시도가 가능해짐을 말한다.

비록 릴스가 아닌 형태일 때에는 노출 효과가 다소 반감되는 면이 있지만, 인스타그램 자체가 원래부터 만화 플랫폼이 아니고 이제는 사진 공유 앱도 아니게 된 시점에서 콘텐츠 창작자들은 변화한 상황을 활용할 방안을 찾아야 한다. 정지된 열 장 안에서 한 호흡을 끝내야 한다는 한계를 아주 약간의 움직임과 음악을 통해 보강할 수 있다면, 그리고 그 형태가 영상이되 완전히 애니메이션이 아닌 만화적 표현의 확장이라는 형태로 구현된다면 공감대와 노출도를 높이면서 수고는 크게 들이지 않는 방식으로 활용될 수 있다.

인스타그램의 변화는 현재 진행형이다. 인스타그램은 2024년 초부터 캐러셀의 최대 이미지 첨부 개수를 10장에서 15장~20장까지 늘리는 기능을 일부 이용자들 사이에서 옵션으로 제공해 시험했으며, 2024년 8월 9일 기능 갱신을 통해 인스타그램 이용자 모두를 대상으로 최대 20장을 첨부할 수 있게 했다. 갱신과 함께 내어놓은 안내 문구는 “더 많이 공유하세요-다음 게시물에 최대 20개의 사진 또는 동영상을 추가하세요”였다. 릴스만이 아니라 일반 이미지 콘텐츠에서 머무는 시간을 늘리기 위한 방안으로 보이는데, 이렇게 되면 이야기 콘텐츠의 호흡 안배 측면의

긍정적 변화는 물론 참여율에서도 영상에 대해 경쟁력이 생긴다. 상투적인 말이지만 역시 '정답은 없다.'

참고문헌

Instagram(2022.7.26). 릴스로 공유되는 Instagram의 새로운 동영상 게시물. *Instagram official account.* https://business.instagram.com/blog/instagram-video-now-instagram-reels

Baklanov, N.(2022.8.20). How different types of content perform on Instagram. *Hype-Journal, Hyperauditor.* https://hypeauditor.com/blog/how-different-types-of-content-perform-on-instagram

Bali, M.(2022.11.5). Algorithm secrets Instagram doesn't want you to know. *Learn and shopify Youtube channel.* https://www.youtube.com/watch?v=MtrBXgWPbkE

Instagram(2017.2.23). Multiple photos and videos in one post. Instagram official account(@instagram). https://www.instagram.com/p/BQ0eAlwhDrw/?utm_source=ig_embed&ig_rid=9599e182-c368-4a84-8be8-f893dbc0ea07

Mosseri, A.(2021.7.1.). Instagram account @mosseri. https://www.instagram.com/p/CQwNfFBJr5A/?utm_source=ig_embed&ig_rid=ba39f818-b09a-4414-bf0a-cf7a971c3d79

Social Insider(2023). *Instagram content performance study.* https://www.socialinsider.io/data-geeks/Instagram_content_performance_study_2023.pdf

Volodina, K.(2024.3.25). Breaking down Instagram carousel: How to use carousels in your content strategy. https://www.socialinsider.io/blog/instagram-carousel

07

인스타그램 콘텐츠 노출 전략과 인스타툰

콘텐츠 플랫폼들은 각자의 기준을 담은 '알고리즘'을 두어 콘텐츠의 노출 순위를 매긴다. 플랫폼에서 활동하는 콘텐츠 제작자들은 하루가 멀다 하고 알고리즘의 가호를 받느냐 버림을 받느냐 사이에서 울고 웃는다. 릴스를 중심으로 인스타그램의 알고리즘이 바뀌고 있는 지금, 노출도 상향을 위해 인스타툰 창작자가 취해야 할 전략은 무엇일까?

인스타그램 알고리즘과 노출도

콘텐츠 플랫폼들은 무작위인 랜덤(random)이 아닌 알고리즘(algorithm)이라 불리는 기계적 연산 과정을 거쳐 노출 순위를 결정한다. 알고리즘은 콘텐츠 플랫폼의 전략 무기다. 때문에 콘텐츠 제작자들을 비롯해 마케팅 전문가들은 업체마다의 알고리즘의 동향을 파악하며 도달률을 높이는 방법을 찾아내는 데 열중하고, 업체들은 또 파악당한 부분을 수정함으로써 다양성을 확보하려 한다.

인스타그램의 알고리즘 변화에서 릴스 중심으로의 전환만큼이나 중요한 것은 2022년 해시태그(hashtag)에 대한 정책을 전환한 것이다. 해시태그는 소셜 미디어에서 유행한 일종의 분류 도구로, 이용자가 과거 검색보다 현재를 공유하게끔 하는 데 집중시키는 소셜 미디어에서 자기 글과 비슷한 정보를 묶기 위해 샤프(#) 기호와 함께 적는 꼬리표다. 관심을 끌기 위해 억지로라도 다양한 해시태그를 한계치인 30개까지 빼곡하게 달아 놓는 경우가 많았다.

당연히 인스타툰들도 #인스타툰을 비롯해 다양한 해시태그를 활용했다. 하지만 2022년 3월 인스타그램의 헤드 디렉터 애덤 모세리는 해시태그에 대한 이용자의 질문에 "해시태그는 게시물 내용을 이해하는 데 도움이 되지만

(중략) 나는 해시태그를 더 많은 배포를 위한 방법으로 생각하지는 않는다"고 답했으며, 4월에는 "해시태그는 당신의 글 도달량을 의미 있게 바꾸진 않을 것"이라고 선언했다.

콘텐츠 가치 향상과 참여율 제고 방안

소셜 미디어 전략가인 앨리 메이슨(Allie Mason)은 이 흐름 변화와 관련해 2022년 3월 21일 트위터(현 'X')에 올린 글에서 해시태그의 역할을 언급하면서도 "해시태그를 통해 더 많은 도달률이나 조회 수를 얻을 수 있는 유일한 방법은 콘텐츠에 참여하는 사람들이 콘텐츠의 가치가 높다는 신호를 보내는 것"이라 분석했다.

앨리 메이슨이 분석한 인스타그램의 '콘텐츠 가치가 높은지 판단하기 위해 사용하는 5가지 신호'는 ① 좋아요(like) ② 댓글(reply) ③ 저장(save) ④ 계정주의 프로필(profile) 탭하기 ⑤ 머문 시간으로, 이 가운데 가장 중요한 것은 머문 시간이다. 앨리 메이슨에 따르면 인스타그램은 사람들이 앱에 머물기를 원한다. 따라서 콘텐츠가 이를 달성하면 그만큼 도달률과 조회 수가 높아질 것이며, 그렇게 됐을 때 인스타그램은 콘텐츠를 해시태그, 추천, 탐색창 등의 상위 게시물로 올리게 된다.

물론 해시태그는 여전히 키워드 및 기간 검색에는 어울리지 않는 인스타그램에서 특정한 카테고리에 해당하는 게시물을 찾는 데 유용한 도구고, 특정 해시태그 자체를 통째로 구독할 수도 있다. 다만 많은 소셜 미디어 마케터들은 2022년 이후 콘텐츠 내용과 관련성이 높은 해시태그를 5개 안쪽으로 쓰라고 권한다. 또한 2023년 들어서는 해시태그보다 다른 인스타그램 사용자를 공동 작업자로 삼아 여러 사용자의 프로필에 함께 게재할 수 있는 새로운 기능인 공동 작업자 초대(collaboration)를 쓸 것이 권유되고 있는 추세다. 공동 작업자 기능의 장점은 공동 작업자의 피드에서 받은 '좋아요'와 댓글 수 등이 한 게시물에 모인다는 것이다.

앨리 메이슨이 말한 5가지 신호는 인스타그램 알고리즘이 목록을 구성할 때 참고하는 참여율의 중요 요소라는 점에서 참고할 만하다. 참여율은 '좋아요'와 댓글 수를 더한 값(정보성 게시물의 경우 여기에 저장 수를 더한 값)을 팔로워 수 또는 도달 수로 나눈 후 100을 곱한 백분율 수치다. 도달률을 비롯해 인스타그램이 제공하는 인사이트 통계에서 바로 나오는 숫자는 아니지만 내부에서는 콘텐츠 노출도를 좌우하는 중요한 지표로 쓰이며 이를 계산해주는 웹 서비스들도 여럿 존재한다. 참여율 수치에 대한 정답은 없으나, 콘텐츠 및 소셜 미디어 마케팅을 다루는 허닷(HURRDAT)의 소셜 미디어 디렉터인 앨리 그리트(Allie Gritt)나 소셜 미디어 관리 업체 레이터(Later)의 콘텐츠 마케팅 전문가 어맨다 데메쿠(Amanda Demeku)에 따르면 1~5% 사이가 평균적으로 좋은 참여율이라고 한다. 이러한 인사이트 데이터를 계산하고 실시간으로 파악하기 위해서는 인스타그램의 계정 설정을 통해 개인 계정이 아닌 프로페셔널 계정으로 변경해 운영하는 것이 좋다.

인스타그램의 수익 창출 상당수는 광고용 콘텐츠 제안을 통해서 이루어지는데, 제안의 판단 기준 또한 참여율을 바탕으로 하므로 겉으로 드러나는 팔로워 수를 채우는 것이 일차 목표는 아니다. 즉, 인스타그램 알고리즘은 오롯이 질 좋은 콘텐츠를 통해 팔로워와 '좋아요', 댓글 수가 늘어나게끔 키워 나간 계정이기를 요구하고 있으며, 유령 팔로워 구입과 같은 인위적 마케팅이나 자동 등록을 꾀하는 봇(bot) 이용, 급박하게 몰아 달거나 강제로 유도된 댓글이나 '좋아요'를 배제하는 방향으로 설정되고 있다. 콘텐츠 창작자의 경우라면 한 계정 안의 콘텐츠가 뒤섞이지 않고 내외적 균질성을 갖추는 것도 독자들에게 신뢰를 사 참여율을 높이는 좋은 방안이 된다.

인스타툰의 노출을 위한 방안

이상과 같은 내용으로 볼 때 인스타툰이 릴스화 · 동영상 첨부 외에 알고리즘에 대응해 적용할 수 있는 방안은 크게 다음과 같이 나눌 수 있다.

첫째, '좋아요'와 댓글과 저장을 꾀할 수 있을 만한 내용과 품질을 지닌 만화를 만드는 것이다. 이는 '작화의 품질'을 뜻하는 것이 아니며, 하고자 하는 이야기에 부합하는 그림으로 설득력 있고(댓글 유도) 공감할 수 있는('좋아요' 유도), 그래서 다시 보고 싶게 만드는(저장 유도) 만화를 만들어야 함을 뜻한다. 특히 인스타그램에는 워낙 많은 작품이 올라오고 있기 때문에 스쳐 지나가기엔 아까운 만화를 만드는 전략이 필요하다.

둘째, 좋은 반응을 얻는 작품이 계속해서 꾸준히 올라와야 한다. 여기에는 게재 주기와 게재 시간에 대한 면밀한 설정이 포함되며, 그와 연결되어 자신의 작품을 보여주고자 하는 사람들이 누구인가를 파악하거나 확실하게 확인하여 그들의 행동 패턴에 맞춰 노출하는 것이 좋다. 소셜 미디어 분석 업체인 스프라웃소셜(Sprout Social)에 따르면 게재하기 좋은 시간대에 정확한 답은 없지만 통계에 따라 분야와 업계 특성에 따라 좋은 요일과 요일별 시간대가 있는데 대체로 주말은 어느 분야든 좋지 않은 것으로 파악되고 있다. 계정을 인스타툰 전용으로 '관리'하는 작가의 경우 예약 등록 기능 등을 써서 주 1회에서 2회 정도를 주기적으로 업로드하는 경우가 많다. 인스타그램은 내용 검색이 원활하지 않은 편이기 때문에 '계속'과 '꾸준히'가 매우 중요한 덕목이 된다.

셋째, 소통해야 한다. 여기에는 이용자들과의 댓글 나누기도 포함된다. 나아가 홈 피드 상단에 배치된 인스타그램의 '스토리' 기능을 통한 진입 또한 소통의 한 방법이다. 스토리는 24시간 후 게시물이 자동으로 삭제되는 기능으로, 작가를 팔로우한 사람들이 인스타그램에 들어오면 홈 피드보다도 상단에 색깔 띠까지 둘러 보여 주기 때문에 새로운 소식을 알리고 끌어들이기에 용이하다. 보관 메뉴를 이용하면 올렸던 스토리로 하이라이트를 구성할 수 있어 알림장 대용으로 쓸 만하다.

넷째, 업로드는 물론 형태적으로도 일관성을 확보해야 한다. 해당 계정의 프로필 목록에 올라온 게시물이 중구난방인 경우 콘텐츠 계정으로서의 인상을 해치게 된다. 때문에 작품별로 톤과 스타일이 어느 정도 통일될 필요가 있고, 일상과 콘텐츠가 분리될 필요도 있다. 많은 인스타툰 작가는 게시물당 열 장밖에 되지 않는 분량 안에서도 한 장을 할애해 타이틀 페이지를 구성하는데, 통일감을 주기 위해서도 좋고, 스타일을 반복 학습시킬 수 있으며, 여러 시리즈를 한 계정에서 연재할 때에도 구분하기 용이하다는 장점이 있다. 통일성과 반복성이라는 측면에서는 이미지마다 동일 위치에 계정명이나 활동명을 워터마크처럼 붙이는 경우도 참고할 만하다. 또, 내용의 작품 전용 계정 내에서 일상 또는 다른 이야기나 제작 과정 이야기를 하고 싶을 때에는 스토리 기능을 활용하는 사례도 있다.

다섯째, 설명글의 활용이다. 흔히 작품은 작품만으로 승부해야 한다는 말이 있지만 인스타툰은 소셜 미디어를 매체로 삼는 만화 형식이다. 따라서 에피소드와 관련한 진솔한 이야기나 제작 과정 이야기를 설명글에 담는 것이 공감을 사는 데 도움이 된다. 단 인스타그램이 한글 자판에서 줄 바꿈을 지원하지 않기 때문에 영문 자판으로 바꾸어야 하는 경우가 있고, 오타 수정이나 해시태그 수정을 넘어서 내용이 많이 바뀌는 경우에는 해당 게시물의 도달범위를 줄이는 것으로 알려져 있어 캡션 등록 전에 퇴고를 거칠 것을 권장한다.

마지막으로 들 만한 것은 알리기다. 당장의 숫자를 위해 팔로워나 조회 수를 돈 주고 구입하는 것은 알고리즘을 엉키게 하여 도달률과 참여율을 낮추게 되므로, 초반에는 계정을 키운다는 감각으로 여러 비슷한 계정과 소통을 꾀해야 한다. 금전 여유가 된다면 인스타그램에서 제공하는 '게시물 홍보하기'라는 유료 광고를 통해 팔로워를 늘리는 것도 한 방법이다.

참고문헌

Demeku, A.(2024.6.20). How to calculate your Instagram engagement rate. *Later*. https://later.com/blog/instagram-engagement-rate

Keutelian, M.(2024.4.15). Best times to post on Instagram in 2024. *Sprout Social*. https://sproutsocial.com/insights/best-times-to-post-on-instagram

Mason, A.(2022.3.21). Allie Mason Twitter account. https://twitter.com/thatalliemason/status/1505593613543260162

Schneider, M.(2024.3.20). What to do if your Instagram engagement is down, *Hurrdat Marketing*. https://hurrdatmarketing.com/digital-marketing-news/whats-up-with-instagram-how-recent-changes-impact-your-engagement

Smith, A.(2022.3.18). Hashtags do not help Instagram posts get more views, chief executive reveals. *Independent*. https://www.independent.co.uk/tech/hashtag-instagram-posts-views-adam-mosseri-b2038794.html

08

마케팅 도구로서의 인스타툰

업체나 기관이 특정 목적을 달성하기 위해 웹툰을 이용하는 사례가 급속도로 늘었다. 이미 잘 알려진 캐릭터를 통해 진정성과 설득력을 배가시킬 수 있기 때문이다. 인스타툰 또한 작가 개인 단위로 명확한 대상 독자층을 확보하면서 개성도 강한 소재와 캐릭터를 갖추어 웹툰 이상으로 마케터들의 눈길을 잡아끄는 중요한 광고 수단이 되었다.

브랜드 웹툰의 또 다른 무대, 인스타툰

흔히 광고용으로 제작된 웹툰을 '브랜드 웹툰'이라고 부른다. 세종대학교 융합콘텐츠산업연구소 연구원인 류유희(2021)는 『브랜드웹툰』에서 이 장르를 "웹툰 콘텐츠면서 홍보 마케팅의 목적을 가지고 있는 광고 콘텐츠"라면서 "웹툰이 크게 인기를 끌면서 등장한 마케팅 커뮤니케이션 도구"라고 설명한다. 류유희에 따르면 포털에서 브랜드 웹툰이 처음 등장한 건 저작권보호위원회가 〈쉬운 저작권 이야기〉를 미디어 다음 만화속세상에 연재한 2005년이지만 브랜드 웹툰의 제작이 급격히 늘어난 것은 2014년 이후다. 2014년을 전후한 시기는 스마트폰을 바탕으로 포털을 넘어서 웹툰 연재를 전문으로 하는 유료 플랫폼들이 폭발적으로 늘어날 만큼 웹툰의 수요가 상업적으로 팽창하던 시기다. 2024년 6월 현재 네이버의 브랜드 웹툰 카테고리에 등록되어 있는 브랜드 웹툰은 217종이며 스마트폰 브랜드, 지방자치단체, 외국 관광청, 특정 영화 등 매우 다양한 형태의 광고가 웹툰의 형태로 제작되어 있다.

포털 브랜드 웹툰의 장점은 이미 인지도와 인기가 증명된 웹툰 작품이나 작가를 그대로 활용할 수 있다는 점이다. 〈신혼일기〉의 작가가 유진투자증권의 의뢰로 〈신입일기〉를 그린다거나 〈좀비딸(좀비가 되어버린 나의 딸)〉

의 이윤창이 경기도와 경기관광공사의 의뢰로 〈경기딸〉을, 〈선천적 얼간이들〉의 가스파드가 충청남도 충남혁신도시의 의뢰로 〈혁신적 얼간이들〉을 그리는 식이다. 큰 업체나 기관일수록 가장 노출도가 높은 플랫폼의 '논란 없고', '문제 소지 없는' 최근 인기작을 눈독 들이기 때문에, 역설적으로 브랜드 웹툰의 추이를 보면 대중에게 인기 있는 작품이 무엇인지를 참고할 여지가 생기기도 한다.

인스타툰은 이러한 브랜드 웹툰의 또 다른 무대가 되어 가고 있다. 류유희는 브랜드 웹툰의 특징을 웹툰의 힘인 '콘텐츠의 힘'과 '플랫폼의 힘'을 한껏 이용해 광고 메시지를 직간접적으로 전달하는 것이라고 분석하는데, 인스타툰은 소재를 다루는 방식과 대상층 설정이라는 면에서 포털의 브랜드 웹툰보다 한층 더 세밀하고 자연스럽게 광고 메시지를 전달할 수 있다는 특징이 있다.

인스타툰의 특징은 흔히 비교적 짧은 분량 안에 단순하고 명료한 그림으로 독자를 사로잡는 것이라고 알려져 있지만 본질적으로는 명확한 개성적 표현, 각자의 경험 또는 주제 의식을 통해 대상층을 명확하게 잡은 차별화한 소재, 개인 단위로 확보한 명확한 구독자층의 수를 빼놓을 수 없다. 특히 인스타그램이라는 유명 앱을 많이 활용하는 젊은 층에게 효과적으로 다가가면서 포털 등에 데뷔한 프로

보다는 저렴한 비용을 책정할 수 있다는 점에서 이미지 제고를 꾀하는 업체나 기관이 인스타툰의 효과에 눈독을 들이기 시작한 건 당연한 일이다.

인스타툰 마케팅의 사례

업체나 기관이 인스타툰을 선택하는 가장 큰 이유는 딱딱하거나 접근하기 어려울 것 같다는 편견을 희석시키고자 함이다. 이미지 전환을 목표로 한 대표적인 사례는 3만8000명의 팔로워를 확보한 청정원(@chungjungone)과 2만5000명의 팔로워를 기록한 국민연금공단(@npstagram)이다. 소셜 미디어 마케터들 사이에서 빠지지 않고 언급되는 두 사례는 각기 예닐곱 살짜리 소녀 '정원이'와 사원 캐릭터인 '연대리'를 내세워 기업이나 기관 하면 떠오르는 이미지를 타파하는 효과를 내고 있다. 비슷한 사례로 언급할 만한 것은 논문 아카이브 사이트라 할 5만2000명의 팔로워를 보유한 디비피아(@dbpia)로, 논문과 연구 관련한 정보 사이에서 〈듀선생의 인생 제반 연구소〉라는 인스타툰을 실어 대학원에서 논문 작성과 연구로 피폐해져 가는 석·박사나 연구원들의 심적인 공감을 산다. 자사 캐릭터가 명확한 광고 목적의 인스타툰은 브랜드의 이미지를 반복해 주입하는 데 목적을 두기 때문에 작가가 부각되지 않을 때가 많다는 점이 포털에서의 브랜드 웹툰과는 다르다.

반면 인기와 팔로워 수를 확보한 인스타툰의 인지도를 활용하는 경우는 작가가 부각된다. 특히 인스타툰은 소재 면에서 명확한 특정 대상 독자층을 확보하고 있기 때문에 작가의 팬층이 마케팅 대상으로 매우 주효한 경우가 많다. 이를테면 간호사로서 만화를 그렸던 비자(@rn.bizza)는 온종일 서서 일하는 경우가 많은 간호사의 특징을 잡아 다리 붓기 치료에 도움이 되는 차나 압박 스타킹 광고를, 약간의 성인향 개그가 가미된 커플툰을 그리는 하나씨(@ha_na_ssi)는 힘이 좋아진다는 영양제 광고를, 과학고 출신으로 공부하며 겪은 일화를 그리는 윤찐빵(@bbang._.zzin)은 영단어 앱 광고를 하는 식이다. 실물을 광고하는 경우 댓글을 통한 추첨 증정 이벤트를 진행하거나 프로필 링크를 통해 물건을 저렴하게 구입할 수 있는 쇼핑몰을 연결하는 경우가 많고, 공지를 겸해 하이라이트 기능을 활용하는 경우도 있다.

상품 광고가 전부는 아니다. 소아 뇌전증에 걸린 딸을 홀로 키웠던 일화를 그린 인디고(@slow_indigo_)는 에피소드를 소담스레 담아내는 장기를 살려 통일부의 탈북민 일화를 〈안녕 나의 이웃〉이라는 제목으로 이어 그리고 있으며, 의인화한 동물 캐릭터로 아픈 사랑 이야기를 그려내는 하마(@hago0117)는 한국만화영상진흥원과 불법 유통 인식 개선 캠페인 만화를 그렸다. 제주도에서 살면서 겪는 이야기를 다루는 지토(@jitotoon)는 2023 제주 여행 홍보 대사 역할을 비롯해 항공권 이벤트, 제주아로마페어, 제주청년센터 등의 광고 만화를 본인 만화 연재 중간중간에 배치하고 있다. 이러한 마케팅은 기본적으로 수만에 달하는 팔로워 수가 확보되어 있는 경우가 유리하지만 무엇보다도 캐릭터나 이야기 전개 방식이 광고주의 필요와 어울린다고 판단되어야 하기 때문에 일정 이상의 보편성을 띠어야 한다. 반대로 독자 입장에서 일말의 불쾌감을 느끼지 않게끔 연재하던 만화와 광고가 명확히 분리되도록 타이틀 화면 등에서 표지 따위로 구분을 해 주는 것이 근래의 트렌드다.

자기 마케팅의 사례

인스타툰 자체가 자기 이야기를 끄집어내며 자기를 드러내는 경우가 많지만, 한편으로는 자기가 하는 일을 만화에 담아내면서 마케팅 효과를 내는 사례도 있다. 대표적 사례로 속칭 '이혼툰'을 꼽을 수 있다. 이혼 전문 변호사 최유나가 2018년부터 인스타그램에 연재를 시작한 〈메리지 레드〉(@coeyunabyeonhosa, 단행본 제목 『우리 이만 헤어져요』)를 시발점으로 꼽는데, 이후 가족법 전문 제1호 변호사인 조인섭의 〈조변호사의 이혼사건 다이어리〉(@insup_cho, 단행본 제목 『이제 나를 위해 헤어져요』)를 비롯해 이혼을 소재로 하는 인스타툰들이 등장했다.

모든 인스타툰은 독자를 만들어야 한다는 점에서 일정 이상 자기 브랜딩의 영역에 닿아 있지만, 이혼 변호사와 같이 개인이 아닌 법무 법인 등 업체가 부각될 수밖에 없는 직업군의 인스타툰은 그 자체로 실질적인 브랜드 웹툰 역할을 한다. 실제로 최유나는 법무법인 태성, 조인섭은 법무법인 신세계로의 명칭을 걸고 있으며, 에피소드 속에서 법무법인 구성원들의 일화가 드러나기도 한다. 물론 법무법인 SH(@lawfirm_sh)처럼 이혼에 국한하지 않은 변호사 일화를 개인을 넘어 법무법인 자체에서 제작하는 사례도 있다.

이혼 소재를 비롯해 소송을 소재로 한 인스타툰은 한때 실화 기반으로 유명했던 이혼 소재 드라마 〈사랑과 전쟁〉 이상의 처참한 사례를 일부 각색을 거쳐 보여 준다. 이에 대해 '차라리 갈라지는 편이 좋은 가정도 있다'는 반응과 '남의 불행으로 장사한다'는 악평이 공존한다. 하지만 마케팅 측면에서 보자면 콘텐츠를 통해 본인의 전문성과 특

장점을 드러내면서 실제 업무로도 연결 짓고, 한편으로 소재에 따라 사회적 이슈를 환기하는 역할을 할 수 있다는 점에 주목할 필요가 있다. 최유나는 여성가족부의 의뢰로 〈메리지 레드〉를 활용해 가정 폭력 피해를 막기 위한 캠페인 만화 〈42년만에 마주한 봄〉을 만들기도 했는데, 소재에 따라서는 콘텐츠를 활용한 마케팅이 반드시 개인의 이득으로만 귀결하는 것이 아님을 보여 주는 사례다.

비단 법률만이 아니라, 이야기를 담은 작품이 공감을 사는 걸 넘어 주축이 되는 '나'의 상품성을 드러내는 것이 나(와 소속 집단)에게 유리함을 가져다준다면 그 또한 인스타툰을 자기 마케팅 도구로 활용한 사례로 간주할 수 있다. 단발성 상품 협찬 및 광고만이 아니라 좀 더 다양하고 많은 '나'가 분야를 막론하고 실제 업무에 이득으로 연결될 수 있다면 인스타툰의 역할이 좀 더 넓어질 것이다.

참고문헌

류유희(2021). 『브랜드웹툰』. 커뮤니케이션북스.

09

인스타툰의 수익화

인스타툰 창작에서 중요한 변수로 작용하는 것은 바로 수익화 여부다. 인스타툰의 수익화는 광고를 수주할 수 있는가부터 시작해 이모티콘을 비롯해 굿즈, 강연 등으로 점차 폭을 넓혀 가고 있다. 하지만 그동안 콘텐츠 자체에는 비용을 지급하지 않았던 인스타그램이 2023년 말 직접 수익 분배에 나서기 시작하며 수익화의 지각 변동을 일으키고 있다.

인스타툰 광고 수주의 조건

여전히 많은 인스타툰은 취미 수준으로 제작된다. 일단 시작하고 볼 수 있고, 돈을 주고 영입하는 것이 아니어서 언제든 마음 내키면 그려도 되기 때문이다. 간호사 비자(@rn.bizza)는 미래의창 출판사와 2022년 진행한 인터뷰 〈본캐는 간호사, 부캐는 인스타툰 작가! 간호사 '비자'의 이야기〉에서 그림 솜씨 때문에 진입하지 못하는 예비 작가들에게 "내 작품이 마음에 안 들면 삭제해 버리면 그만"이라며 맘 편히 그려 볼 것을 권한다.

가볍게 시작해 보고 아니다 싶으면 엎고 처음부터 다시 해 볼 수 있다는 점은 분명 인스타툰의 큰 매력이다. 하지만 수익화를 꾀하고자 하는 경우에는 계산이 복잡해진다. 팔로워와 '좋아요', 그리고 이에 기반한 참여율을 신경 쓰지 않고서는 광고를 수주할 수 없기 때문이다. 인스타툰이 마케팅 도구로 활용되었던 까닭은 인스타그램이 콘텐츠 창작자들에게 수익을 나눠 주는 구조가 아니었기 때문이고, 그런 연유로 인스타툰 작가가 수익화를 생각한다면 일차적으로 광고를 수주할 수 있는 단계에 올라서야 했다.

인스타툰이 광고를 수주하기 위해서는 일정 이상의 인지도와 연재 물량으로 꾸준한 활동을 증명해야 하고, 참여율이 일정 이상 받쳐 줘야 하며, 이를 올리기 위해서는 매우 다양한 교류 활동 등을 통해 알고리즘의 선택에 들어야 한다. 팔로워 수가 곧 도달률을 담보하는 것만도 아니기 때문에 일정한 타이틀로 일관성 있게 시리즈 '연재'를 할 수 있어야 한다는 점도 광고 수주의 주요한 조건이다.

그림 솜씨는 수익화에서 의외로 아주 중요한 부분은 아니며, 오히려 개성적인 그림과 꾸준한 공감을 끌어낼 수 있는 소재나 이야기 솜씨가 대중의 반응을 일으켜 결과적으로 광고판의 역할을 하는 데 도움을 준다. 또한 처음부터 광고로 돈을 벌겠다는 발상으로 시작하면 원하는 결과를 얻기 어렵지만, 반대로 오랜 시간 계정을 키워 대중과 알고리즘의 선택을 받기 시작한 경우 광고 만화를 받을 여지가 생긴다. 숫자로 확인되는 고정 독자와 꾸준한 연재 없이 광고를 수주하는 계정은 없다 해도 과언이 아니다. 고정 독자가 생긴 작품과 캐릭터들 속에서 자연스럽게 녹아 들어가는 광고야말로 업체들이 짧은 호흡으로 큰 효과를 발휘하는 인스타툰을 활용하려는 이유 자체라 할 만하다.

광고 인스타툰의 단가와 추가 수익

중요한 건 단가 수준이다. 2023년 7월 14일 자 ≪한국일보≫

에 실린 〈팍팍한 일상, 나만 고민하는 게 아니었네! 인스타툰 인기〉라는 기사에서는 2018년부터 활동한 감자(@g_zaing)의 "2년 전만 해도 건당 100만 원 정도를 받았다면 지금은 거의 30만 원까지 가격이 떨어진 것 같다고들 이야기한다"라는 말을 소개하고 있다. 실제로 2024년 6월 기준으로 프리랜서 마켓을 자처하는 크몽의 인스타툰 제작 항목 단가는 칸당 2만 원에서 5만 원 선에 형성되어 있으며 비싼 경우도 10만 원을 넘는 경우가 드물어 이와 같은 단가 액수를 대략적으로 증명하고 있다.

'갓생사는 케넨의 하루'라는 계정을 운영하는 조수진(@kennenblog)은 자신의 블로그에 올린 2023년 10월 24일 자 글을 통해 회사에서 마케팅 팀으로 근무하면서 인사팀 요청으로 홍보툰을 진행하고 그 단가를 정리한 경험이 있다고 밝혔다. 이에 따르면, 광고는 팔로워가 1만 명 정도만 되어도 적당히 들어오고, 중요한 건 작가별로 단가가 다른 것이지 팔로워 단위로 크게 차이가 나는 것은 아니어서 일정 수준에서는 평준화된다. 조수진의 언급에 따르면 인스타툰의 단가는 편당 최소 몇십만 원에서 평균 몇백만 원이라고 하는데, 이를 종합해 감안하면 2023년 무렵 상위급 작가는 칸당 10여만 원 이상을 책정받지만 대체로는 칸당 3~5만 원 선에서 단가가 형성되고 있음을 알 수 있다. 물론 광고 인스타툰의 단가 책정은 단순하게 칸당으로 통일되어 있지는 않고 회차별을 비롯해 다양한 경우의 수가 있으며, 작업 난도와 전체 분량에 따라서도 달라지므로 일괄적으로 얼마라고 정의할 수는 없다.

이 밖에 인스타툰으로 얻은 인지도를 활용해 추가 수입을 얻는 방법은 크게 이모티콘과 굿즈, 그리고 강연과 단행본 출간 등이 있다. 특히 이 가운데 이모티콘과 굿즈 제작이 많다. 이모티콘은 고정 독자층이 확보된 경우 이미 알려진 캐릭터를 활용해 큰 제작비 없이 상품화할 수 있는 매우 강력한 디지털 수익 상품이다. 이미 레드 오션이 된 카카오톡 기반의 카카오 이모티콘숍 외에 네이버 OGQ마켓, 네이버 밴드 스티커숍 등 비교적 진입 장벽이 낮은 이모티콘숍도 있어 자신의 캐릭터로 유료화를 꾀할 수 있다.

굿즈로는 에코백이나 스티커, 메모지 같은 문구류를 제작할 수 있다. 일부 작가는 자체 쇼핑몰이나 네이버 스마트 스토어 등의 온라인 매장을 열어 두는 경우도 있고 서울일러스트레이션페어 등의 행사에 참가해 직접 판매에 나서기도 한다.

휴대폰 케이스 업체 케이스티파이(CASETiFY)와 캐릭터 굿즈 플랫폼인 라인프렌즈스퀘어(LINE FRIENDS

SQUARE)에 입점해 있는 조구만(@joguman)은 인스타그램에서 선보인 캐릭터를 굿즈로 파는 사례다. 단행본 출간의 경우 크라우드펀딩을 이용하는 사례가 있는데 수신지 작가가 〈며느라기〉의 다음 이야기인 〈곤〉의 단행본 제작을 위해 텀블벅(tumblbug.com)을 이용한 경우를 예로 들 수 있다.

인스타그램의 수익 분배가 이끌 인스타툰의 미래

2023년 11월 인스타그램을 운영하는 메타(META)는 일부 콘텐츠 제작자들에게 '연말 보너스 활성화'라는 안내 글을 보냈다. 이 안내 글에 따르면 수익 정산 방법은 다음과 같다. "① 보너스를 활성화하여 릴스, 슬라이드(여러 이미지를 첨부한 병풍형 게시물, 즉 캐러셀을 의미), 단일 이미지 게시물로 수익을 올리십시오. ② 자격 요건에 따라 릴스, 슬라이드, 단일 이미지 게시물을 만들고 공유하세요. 사람들이 회원님의 게시물을 보거나 릴스를 재생하면 수익금이 지급됩니다. ③ 수익을 얻으려면 프로페셔널 대시보드에서 $20의 최소 기준에 도달하세요. ④ 최대 $20,000의 수익을 얻으세요."

보너스는 2024년 6월 현재까지 인스타그램이 시험 중인 기능으로 인스타그램에서 직접 콘텐츠 수익을 창출할 수 있는 방안으로 제시된 것이며, 당연히 인스타툰 제작자 전용 기능은 아니다. 인스타그램은 2023년 말 기프트라는 이름으로 릴스에 후원을 받을 수 있는 기능을 열어 두었다. 하지만 릴스 후원 외에 직접 콘텐츠로 수익을 낼 수 있게 하는 보너스 기능은 아직 초대받은 일부만 확인할 수 있고 이는 게시물 상호 작용 · 참여율이 일정 수치에 도달한 콘텐츠 계정 중 일부만 해당하는 것으로 파악된다. 보너스 이름이 연말, 봄 등으로 구분되고 최대 액수에도 차이가 있는 것으로 보아 시기별로 최대액을 제시하고 최소 20달러 이상에 도달해야 출금이 가능하게끔 설정돼 있는 것으로 보인다. 즉, 현재로서는 분기별 최대 1000~2000여 만 원의 수익을 기대할 수 있다. 정산을 위해서는 기프트와 마찬가지로 메타가 제시하는 세금 관련 서류와 은행 계좌 등을 입력해야 한다.

광고 의뢰를 받는 것 외에 인스타툰 게재만으로 수익을 낼 수 있는 방안이 생겼다는 점은 캐러셀의 첨부 이미지 수 확대와 더불어 인스타툰의 상업화와 긴 호흡을 띠는 스토리텔링 매체로의 진화가 본격적으로 진행될 가능성을 보여 준다. 이미 프로 출신들이 인스타툰으로 많이 진입해 있음에도 이들의 활동이 포털 연재만큼 활발하거나 본격적일 수 없는 까닭은 광고를 받을 수 있는 단계까지 운영하지 않으면 수익을 기대할 수 없기 때문인데, 보너스가 접목되면 이 문제가 해결될뿐더러 첨부 분량이 늘어나면 그만큼 스토리텔링을 본격적으로 짜내는 데 유리하다. 단 유튜브가 유튜브 파트너 프로그램(YouTube Partner Program)에서 이미 보여 주었듯, 테스트 기간이 끝난다 해도 인스타그램이 회원 모두에게 곧바로 수익 창출을 열어 놓진 않을 것이다. 즉, 수익 창출 조건을 만족하기 위해서 '좋은 콘텐츠를 꾸준히 올려 참여율과 도달률을 높일 것'이라는 인스타그램의 알고리즘 추정 기준을 맞춰야 한다는 점은 앞으로도 여전하다.

인스타그램은 인스타툰을 통해 웹툰 플랫폼의 마이너리그가 아니라 그 자체로 특색 있는 만화 지면으로 발견되어 다양한 만화가 가능한 공간으로 발전해 왔다. 반응이 좋은 작품에 광고가 붙는 모습은 여전할 것이나, 광고가 없어도 수익을 낼 수 있는 구조가 확충될 때 질 좋은 작품을 만드는 데 집중할 이들이 늘어나리라는 기대를 할 만하다. 물론 저작권 불법 편취와 자극적인 콘텐츠에 반응이 쏠리게 된 유튜브 숏츠(YouTube Shorts)의 사례에서 보듯 수익화가 곧 전체 질의 상승을 반드시 견인하지만은 않는다. 그러나 인스타그램이라는 널따란 무주공산에서도 스토리 콘텐츠로서 정착한 바 있는 인스타툰의 수익 구조가 안정화될 때 무엇이 어떤 규모와 어떤 모습으로 나오게 될지 기대를 해 볼 만하다.

참고문헌

김민호(2023.7.14). 팍팍한 일상, 나만 고민하는 게 아니었네! 인스타툰 인기. ≪한국일보≫.
https://www.hankookilbo.com/News/Read/A2023071306070001632?did=NA

미래의 창 블로그(2022.12.8). 본캐는 간호사, 부캐는 인스타툰 작가! 간호사 '비자'의 이야기.
https://blog.naver.com/miraebookjoa/222949690025

웹인편집부(2023.11.21). 인스타툰, 수익화 가능해지나?. 웹툰인사이트.
https://webins.co.kr/?p=24734

케넨(2023.10.24). 인스타 광고 비용, 수익 단가 인스타툰 작가 마테터의 솔직 후기. 네이버 블로그.
https://blog.naver.com/teemogogo/223245428966

10

세계의 인스타툰

인스타그램 만화는 한국인만의 전유물은 아니다. 해외 창작자들도 인스타그램에 만화를 올린다. 다만 인스타그램을 만화를 올릴 매체보다는 출판 만화의 보조재로 생각하는 점이 한국 작가들과 다른 점이다. 해외의 만화 창작자들이 '인스타그램에서의 만화'를 대하는 모습을 보면, 역으로 한국 작가들이 인스타그램을 통해 해외를 어떻게 공략해야 할지를 알 수 있다.

일본의 사례

일본에서는 인스타툰을 만화의 일본어인 망가(マンガ)를 붙여 인스타망가(インスタマンガ)라고 부르지만, 실제로 인스타그램에서 만화로 활동하려는 이들이 더 많이 쓰는 해시태그는 네 칸 만화를 뜻하는 #욘코마망가(#4コマ漫画)와 에세이 만화를 뜻하는 #코믹에세이(#コミックエッセイ)다.

해당 해시태그들을 단 게시물 수를 합치면 2024년 6월 기준으로 약 161만 건이 나오는데, 이는 #인스타툰 해시태그를 단 한국 게시물 약 223만6000건에 다소 못 미치는 수다. 물론 일본에서는 2015년 시오리(@bepo_shiori)의 장애 아들 육아기를 비롯해 인스타그램을 만화 창구로 활용한 사례가 일찍이 나오기도 했지만 '오롯이 인스타그램에 최적화한 만화'에는 아직 적응 단계다.

일본은 잡지 기반의 출판 만화가 강세인 나라답게 칸 배치와 연출이 그야말로 잡지 출판 만화 그 자체를 고수하려는 경우가 많다. 이들은 인스타그램에 올린 만화에서도 곧잘 칸을 여럿으로 나누어 배치하거나 겹치는 형태를 보여 주곤 한다. 출판 만화에서는 페이지를 5칸가량으로 나누는 게 너무나 당연한 연출이지만 장당 지면이 좁고 비율도 제한적인 인스타툰에서는 밀도를 지나치게 높이는 지

름길이다. 여기에 우철 제본과 문장 세로쓰기가 기본인 일본 만화와 오른쪽에서 왼쪽으로 넘기기에 기반한 가로 스크롤인 인스타그램의 인터페이스는 페이지를 해체하는 세로 스크롤 웹툰과는 또 다른 병목을 일으키는 원인이 된다.

상당수 일본 인스타그램 만화들은 마지막 장을 할애해 프로필 링크로 연결된 별도 홈페이지나 블로그를 통해 2회차 정도를 미리 볼 수 있다고 알리고 있어 인스타그램이 본편의 미끼에 가깝다는 인상도 있다. 키리야 에노토(希里谷えのと, @kiriyaenoto)의 〈동생의 친구가 귀여워(弟の友達がかわいい)〉처럼 블로그에 연재하고 오리지널 스토리를 붙여 전자책으로도 출간 중인 출판 만화 형식의 만화를 칸마다 떼어 인스타그램에 공개하는 사례는 마치 과거 크기가 작은 스마트폰에서 출판 만화를 보이게 하기 위한 방식으로 고안된 컷뷰(cut view)를 연상케 한다. 만화를 인스타그램용으로 제작한 건 아니지만 지극히 일본 만화다운 인스타그램 활용이라는 측면에서 참고할 만한 사례다. 한편 스마트폰 기반 여성용 정보 앱인 앱토피(APPTOPI)는 업체 단위에서 인스타그램에 무료 만화를 공개하고 있는데 갱신 시간은 매일 16시, 18시, 20시다.

서구권의 사례

서구에서는 #instatoon(인스타툰)이라는 표현 자체가 2011년 무렵 이미 등장한 바 있지만, 실제로 인스타그램에 서구 쪽 만화가 많이 올라오는 해시태그는 #instacomics(인스타코믹스)나 한 칸 단위를 일컫는 panel을 붙인 표현인 #comicpanel(코믹패널), 연재만화를 뜻하는 #comicseries(코믹시리즈), InstaGram의 준말인 IG를 따 붙인 #igcomics(아이지코믹스), 말 그대로 웹에 올라온 만화를 뜻하는 #webcomic(웹코믹)이다.

2024년 6월 기준으로 #instatoon은 25만7000개, #comicseries가 29만8000개, #comicpanel이 33만6000개, #instacomics는 82만5000개 게시물이 올라온 데 비해 #igcomics는 155만3000가량으로 앞의 셋을 합친 것과 비슷한 수준이고, 이를 다 합친 것을 훌쩍 뛰어넘는 487만7000개를 기록한 게 #webcomic과 #webcomics다.

이들 해시태그로는 국적과 언어를 막론하고 많은 만화가 섞여 들어오기 때문에 미국식 독립 만화부터 그래픽노블 스타일, 일러스트레이션 성격이 강한 카툰, 세라 앤더슨 같은 단순 명쾌한 그래픽이 돋보이는 만화 등 굉장히 다양한 형태와 스타일의 만화를 두루 볼 수 있다는 게 특징이다. 영어권이 아닌 곳에서 가장 큰 만화 시장을 점유하고 있는 프랑스어권에서는 만화를 뜻하는 프랑스어인 #bandedessinée, #bandedessinee(방드 데시네) 그리고 그 준말인 #bd(베데)가 각 38만4000건과 99만4000건, 611만5000건가량을 차지하고 있다.

이들 해시태그에 올라오는 만화들은 1:1 프레임 안에서 표현되고는 있으나 인스타그램에 맞춰 연출된 만화라기보다 단칸 또는 적은 칸수로 구현되는 연재 카툰의 전통을 잇고 있는 경우에 가깝다. 한국의 인스타툰이 인스타그램을 독립된 '만화 매체'로 인식하고 대문(타이틀) 화면 등을 고안하는 한편 소재와 연출 면에서도 출판 만화는 물론 웹툰과도 다른 방향을 찾아 가고 있는 데 비해 서구권의 인스타그램에는 전통적인 방식의 만화나 디자인 도안에 가까운 만화들이 올라오는 편이다. 실제로 연재만화 이상으로 서구권 인스타그램에 많이 보이는 해시태그는 #comic(코믹), #comicstrips(코믹스트립스), #cartoon(카툰), #illustration(일러스트레이션), #drawing(드로잉), #art(아트), #dessin(데생)과 같이 만화와 그림을 뜻하는 매우 전통적이고 기초적인 낱말들이며, 그 게시물 수는 각 해시태그마다 수백만, 수천만 건에서 일부는 억 단위에 달할 만큼 압도적이다.

물론 서구권에도 칸의 연속을 통한 이야기의 전개라는

만화적 특징을 살린 작품들도 있지만, 이 경우 이미 출간된 책의 내용을 알리기 위한 차원인 경우가 많다. 일례로 국내에 『내 기분은 변화하는 중입니다: 두 얼굴의 감정, 조울증 이야기(Goupil ou face)』가 소개되기도 한 루 루비(LOU LUBIE, @loulubie)의 2024년 6월 4일 자 게시물을 보면, 한 주 전부터 서점에 깔린 자신의 만화책 『라신(Racines)』을 홍보하기 위해 출판 만화 연출로 제작된 만화를 인스타툰처럼 1:1 비율로 편집해 내놓았음을 볼 수 있다.

공주대학교 만화애니메이션학부의 이화자 교수는 ≪2019년 만화포럼 칸≫에 실은 〈SNS 만화 현황과 특징, 발전방향〉이라는 연구에서 프랑스 쪽의 상황은 나온 책 또는 다음 작품에 대한 홍보, 개인 소규모 출판을 위한 투자 유도로 소셜 미디어를 쓰고 있다면서 다음과 같이 기술하고 있다. "무료로 작품의 전체를 개인 계정에 올린다는 것이 프랑스 작가들에게는 상상하기 어려운 일이며 작가 생존을 위협하는 일이라 생각하는 견지가 크다. 독자들의 성향도 여전히 작품을 제대로 사서 읽는 것을 선호하기 때문에 웹이나 앱을 통해 만화를 읽는 독자는 아직 소수에 머물러 있다."

사실 이것은 비단 프랑스만의 상황이라고는 볼 수 없

다. 그런데 전통적인 출판 기반 만화를 고수하던 서구권도 디지털 환경으로의 변화를 외면할 수는 없어 보인다. 2024년 2월 6일 자 영국 ≪가디언(The Guardian)≫의 〈이런 현상이 계속될 것이라 예상하진 못했다: 프랑스의 만화책 전통이 새로운 전기를 맞고 있다('We didn't expect this phenomenon to last': France's comic-book tradition is hitting new heights)〉는 기사는 대형 출판사들이 자체 독서 플랫폼을 구축하고 매일 인스타그램 스트립(인스타그램 만화를 의미)을 실험하는 등 디지털이 어떤 형태로든 중요한 역할을 할 것이라 전망한다. 물론 해당 기사에서 다르고(Dargaud) 출판사의 마리 파리조(Marie Parisot)가 "인스타그램 게시물이나 유튜브에서 멋진 것을 보여 주어 호기심에 서점 문을 열게 하는 것"이라 한 말은 여전히 방점이 어떻게든 사람들을 종이책으로 향하게 하는 데 찍혀 있음을 보여 준다.

한국의 인스타툰, 역발상을 꾀해야 할 때

이상에서와 같이 인스타그램에서 만화가 '인스타툰'이라는 장르명이자 형식으로서 정착하고 새로운 흐름을 만들어 가는 한국에 비해 다른 나라들은 적응기를 겪고 있거나, 홍보용 이상으로는 크게 활용하고 있지 않는 모습처럼 보인다. 한국이 웹툰으로 만화 시장의 헤게모니가 완전히 전환되기 전 출판 만화의 영향력 자체가 상실되다시피 한 상황이어서 웹툰, 인스타툰이라는 디지털 만화로의 전이와 형식 개발이 오히려 용이했던 데 비해 출판 만화가 굳건했던 나라들은 그 형태에 얽매이고 있는 탓도 있다.

하지만 해시태그에 엮인 게시물 수만 보자면 인스타그램 속의 외국 만화들은 한국의 인스타툰을 압도할 만한 수치를 보여 주는 것 또한 분명한 사실이다. 외국의 기조가 우리의 인스타툰과는 거리가 먼 것처럼 보이지만, 한편으로는 인스타그램을 활용해 만화나 만화 언저리에 해당하는 그림을 그려 올리고 있는 사람 수가 그만큼 많다는 것을 확인할 수 있다. 즉, 관심 있는 이들의 인스타그램 만화 수요는 분명 존재하며, 전통적인 기조와는 별개로 스마트폰을 안 들고 다니는 사람이 없는 세상이 되었다는 사실에도 주목할 필요가 있다.

이는 보편적인 스토리와 그래픽을 동원해 해외 독자들에게도 나의 만화를 직접 내어놓을 창구로서 인스타그램을 활용할 수 있다는 이야기기도 하다. 사람의 조력이나 번역기의 도움을 받아서라도 어학의 장벽을 넘어설 수 있다면, 그래서 남이 시켜 줘야만 가능했던 외국 독자 확보를 직접 꾀할 수 있다면 인스타그램은 한국의 인스타툰 작가들에게 한층 더 넓은 활동의 장이 될 수 있다.

참고문헌

이화자(2019). SNS 만화 현황과 특징, 발전방향. ≪2019 만화포럼 칸≫, 235~256.

Hoad, P.(2024.2.6). 'We didn't expect this phenomenon to last': France's comic-book tradition is hitting new heights. *The Guardian.* https://www.theguardian.com/books/2024/feb/06/france-comic-book-tradition-is-hitting-new-heights

Monga, A.(2024.5.17). 70 Instagram statistics you should know in 2024. https://insights.vaizle.com/instagram-statistics

서찬휘

만화 칼럼니스트다. 본명은 임채진으로, 2014년 성공회대학교 문화대학원에서 미디어·문화연구 전공으로 석사 학위를 받았다. 1998년부터 만화 커뮤니티 만화인(manhwain.com) 등을 운영하며 《한겨레》, 《국방일보》, 《인천일보》, 한국만화영상진흥원 웹진 등 다양한 매체에서 만화 칼럼 및 평론을 써 왔다. 2008년부터 청강문화산업대학교 만화콘텐츠스쿨(옛 만화창작과), 상지대학교 문화콘텐츠학과, 중앙대학교 문예창작 전공, 백석문화대학교 웹툰애니메이션학부 등에 출강하였다. 2018년부터는 〈만화 속 배경 여행〉을 시작으로 여행 작가로, 2020년부터는 만화 〈PAN&AL's 난임일기〉, 〈작정해도 어렵네〉로 만화 창작자로도 활동 중이다. 한국산 자생형 오타쿠인 오덕·덕후, 그리고 만화 바깥 현실 속에 자리한 만화 문화의 연결 고리를 찾아 정리하는 것을 주된 연구 주제로 삼고 있다. 단독 저서로는 『키워드 오덕학』(2017), 『나의 만화유산 답사기』(2018), 『덕립선언서』(2020), 『윤승운–만화·웹툰 작가 평론선』(2018), 『한혜연–만화·웹툰 작가 평론선』(2019), 『김진태–만화·웹툰 작가 평론선』(2019), 『오덕이라니』(2024)가 있다.